● 于学芝 牛细婷 郝企信 等 著

河北省农业科技试验区
发 展 40 年

（1978—2018）

中国农业科学技术出版社

图书在版编目（CIP）数据

河北省农业科技试验区发展40年：1978—2018／于学芝等著．—北京：中国农业科学技术出版社，2021.6
　　ISBN 978-7-5116-5309-3

Ⅰ.①河… Ⅱ.①于… Ⅲ.①农业园区-概况-河北-1978-2018
Ⅳ.①F327.22

中国版本图书馆 CIP 数据核字（2021）第 086677 号

责任编辑	朱　绯　徐定娜
责任校对	贾海霞
责任印制	姜义伟　王思文

出 版 者	中国农业科学技术出版社 北京市中关村南大街 12 号　邮编：100081
电　　话	（010）82106632（编辑室）　（010）82109702（发行部） （010）82109703（读者服务部）
传　　真	（010）82106626
网　　址	http：//www.castp.cn
经 销 者	各地新华书店
印 刷 者	北京建宏印刷有限公司
开　　本	710 mm×1 000 mm　1/16
印　　张	5.5
字　　数	75 千字
版　　次	2021 年 6 月第 1 版　2021 年 6 月第 1 次印刷
定　　价	80.00 元

版权所有·翻印必究

《河北省农业科技试验区发展40年（1978—2018）》著者委员会

主　著：于学芝　牛细婷　郝企信
副主著：贾　妍　王桂荣　马红燕　马辉杰
著　者（按姓氏笔画排序）：
　　　　于学芝　马红燕　马辉杰　王　莹
　　　　王　雪　王桂荣　王晓夕　牛细婷
　　　　许皓月　牟若彤　李　敏　张利娜
　　　　张新仕　陈玉芳　陈泽雅　尚　丹
　　　　郝企信　郝换换　贾　妍　程俊力
　　　　蔡　宁

序

河北省有着悠久的农业历史，在长期与大自然的斗争中积累了丰富的抵御农业灾害的经验，培育了完整精细的耕作种植技术体系。中华人民共和国成立后，河北人民团结奋斗，运用科学技术治理旱涝盐碱，创造了农业科技发展的一个又一个光辉灿烂篇章。

1978年，党的十一届三中全会吹来改革开放的春风，以黑龙港地区技术攻关为代表的农业科技计划实施，开启了农业科技试验区的辉煌历程。1978—2018年是农业科技试验区、农业科技示范园区快速发展、硕果累累、人才辈出的重要时期，是河北农业科技发展史上光辉一页。河北农业科技试验区取得了黑龙港中低产田改造等一大批重大科技成果，也走出了石元春、辛德惠、张福锁、高旺盛、王树安、王世魁、田魁祥等一批知名的优秀农业科学家。

2000年以后，农业科技试验区的科研工作陆续收官，进入升级版的农业科技园区建设阶段，粮食丰产科技工程、渤海粮仓建设等重大项目实施，进一步推动环渤海区中低产田治理和农业高质量发展。到2019年，全省建成省级以上农业科技园区141个，其中，国家级农业科技园区15个。河北省农业科技示范园区已经成为县域农业产业技术集成、成果展示、人才培养的重要平台，成为全省农业科技进步的重要支撑手段。从1978年到2018年，经历40年风雨、40年探索、40年发展，近万名农业科技试验区（示范园区）工作者长期深入农村，为农民服务；他们潜心研究、淡泊名利，是一批情操高尚的农业科学家；他们创新科技、传播知识，为河北的农业科技发展做出了不可磨灭的贡献。

《河北省农业科技试验区发展40年（1978—2018）》介绍了河北农业科技试验区、农业科技示范园区发展过程和农业科技试验区取得的成就，系统总结了40年来农业科技试验区成功的组织管理经验。以典型案例方式，介绍了曲周、南皮试验区几十年成功坚守的实践经验。通过系列事实、累累硕果反映河北省农业科技试验区改革开放40年取得的巨大成就，字里行间饱含对农业科技试验区（示范园区）科技工作者的艰苦努力和无私奉献的讴歌，赞扬他们艰苦创业、勇于探索、孜孜以求、奋斗不息的农业科学家精神。

在此书出版之际，文以载道、笔以写心，表达我们对全省农业科技工作者的崇高敬意！感谢参与此书编著的作者和课题研究人员的所有付出与辛苦！愿此书对今后农业科技发展能起到良好借鉴和启示作用。

李小民

2021年3月25日

目 录

概 述 …………………………………………………………………（1）
第一篇 农业科技试验区的 20 年辉煌历程 …………………………（4）
第二篇 农业科技试验区取得的技术成就 ……………………………（8）
　一、黑龙港旱涝盐碱地综合治理 ……………………………………（8）
　二、黑龙港中低产田改造 …………………………………………（11）
　三、区域农业产业结构调整 ………………………………………（14）
　四、区域农业技术集成 ……………………………………………（18）
　五、粮食安全科技示范工程 ………………………………………（19）
第三篇 农业科技示范园区 20 年快速崛起 …………………………（24）
　一、2001 年 …………………………………………………………（25）
　二、2002 年 …………………………………………………………（26）
　三、2003 年 …………………………………………………………（28）
　四、2004 年 …………………………………………………………（30）
　五、2005 年 …………………………………………………………（32）
　六、2006 年 …………………………………………………………（34）
　七、2007 年 …………………………………………………………（35）
　八、2008 年 …………………………………………………………（36）

九、2009 年 ………………………………………………………… (37)
　　十、2010 年 ………………………………………………………… (38)
　　十一、2011 年 ……………………………………………………… (40)
　　十二、2012 年 ……………………………………………………… (42)
　　十三、2013 年 ……………………………………………………… (43)
　　十四、2014 年 ……………………………………………………… (46)
　　十五、2015 年 ……………………………………………………… (48)
　　十六、2016 年 ……………………………………………………… (49)
　　十七、2017 年 ……………………………………………………… (52)
　　十八、2018—2019 年 ……………………………………………… (53)
第四篇　农业科技试验区的组织管理——探索与经验 ………… (57)
　　一、优化区域布局 …………………………………………………… (57)
　　二、建立"三个体系" ……………………………………………… (58)
　　三、建立法人制度 …………………………………………………… (59)
　　四、制定试验区规章 ………………………………………………… (60)
第五篇　成功坚守并发展壮大的试验区、实（试）验站 ……… (61)
　　一、曲周实验站 ……………………………………………………… (61)
　　二、南皮试验站 ……………………………………………………… (63)
　　三、吴桥实验站 ……………………………………………………… (66)
　　四、张北试验区 ……………………………………………………… (69)
附件　关于持续加强农业科技试验区工作的建议 ……………… (71)
后　　记 ……………………………………………………………… (76)

概 述

河北省农业区域治理从盐碱地治理和中低产田改造起步,几代农业科技工作者励精图治,不懈努力与自然抗争,开荒改土治水,不断取得一个又一个的胜利。尤其改革开放以后,农业科技试验区实施综合攻关,河北省的农业试验区科研、示范、推广一系列工作取得辉煌成就,在河北省农业科技发展史上具有划时代意义。

20世纪50年代,以"农改"为主,采取刮盐、沟播种、修台田、围埝蓄淡压盐等措施,推广传统的盐碱地利用经验。60年代,以"水改"为主,主要推广灌水洗盐技术;70年代,实行农林水结合,旱、涝、碱、咸、薄(瘦)综合治理;80年代,推出"排灌洗盐、改土增肥、种植绿肥、耐盐植物、地膜覆盖"等集成技术;90年代,提升到资源高效利用、农业可持续发展研究示范;2000年以后,农业综合试验区的科研工作陆续收官,(2002年以后)进入农业科技园区建设阶段。到2018年,河北省农业科技园区总数达到130个,其中国家级农业科技园区15个,省级农业科技园区115个。粮食丰产科技工程、渤海粮仓科技示范项目等重大项目实施,进一步推动环渤海区中低产田治理和农业高质量发展。根据河北省科技厅与河北省统计局、河北省农业农村厅联合开展的科技贡献率测算结果显示，河北省2018年农业科技进步贡献率达到58.5%（河北省科技厅农村处2018年工作总结）。

1978—2018年40年间，河北省先后在大城县、大名县、东光县、藁城县（今石家庄市藁城区）、海兴县、黄骅县（今黄骅市）、景县、鹿泉市（今石家庄市鹿泉区）、滦县（今滦州市）、南宫县（今南宫市）、南皮县、曲周县、无极县、吴桥县、雄县、枣强县、张北县、遵化县（今遵化市）等18处设立17个农业综合试验区。先后参与试验区工作的国家级与省级的科研单位、大专院校、推广部门上百家，参加的科技人员数万人。创造了一批科技成果，培养了一批杰出人才，为耕作栽培学科建设搭建了面向社会、服务经济建设主战场的开放实验室和协同创新科研平台。取得不同类型区的中低产田综合治理、区域持续农业发展以及小麦—夏玉米两茬"亩产吨粮"、冬小麦节水高产高效栽培、平原盐渍化区农业优势产业发展、高寒半干旱低投入区农牧业综合发展技术体系等一批重大技术成果。其中，"黑龙港地区农业科技攻关"（1986年）获河北省政府科学技术进步奖特等奖，并作为"黄淮海平原中低产地区综合治理的研究与开发"项目的部分（1993年）获国家科学技术进步奖特等奖；"高寒半干旱区抗逆农业生产结构与资源高效开发技术体系"获2002年度河北省科学技术进步省长特别奖；"黄淮海平原持续高效农业综合技术研究与示范"（2003年）获国家科学技术进步奖二等奖；粮食丰产科技示范工程"海河平原小麦玉米粮食丰产高效关键技术创新与应用"（2011年）获国家科学技术进步奖二等奖；"滨海平原盐碱区适生种植技术集成研究与示范"（2015年）获河北省科学技术进步奖一等奖，河北渤海粮仓科技示范工程（2020年）获河北省科学技术进步奖一等奖。

河北的农业科技综合试验区走出了石元春、辛德惠、张福锁、高旺盛、王树安、王世魁、田魁祥等一批知名的优秀农业科学家，为河北省的区域农业科技试验区建设做出巨大贡献。农业科技综合试验区建设40年来，探索出一套行之有效的多单位、多部门、多学科专业协作的科研组织与管理办法。曲周、南皮等实验站在盐碱治理、研究、监测方面成为国内外有影响的长久性农田生态系统观测研究平台和农业专家科技服务基地样板。张北、吴桥、东光、南宫、枣强、景县、无极、黄骅、遵化、大名、滦县、鹿泉、海兴等建设成为省级农业高新技术园区；曲周、南皮、藁城发展成为国家级高新技术园区。

第一篇　农业科技试验区的20年辉煌历程

河北省幅员辽阔，高原、山地、丘陵、平原、湖泊和海滨等资源类型齐全。坝上高寒农区明显积温不足，广袤的黑龙港中低平原和滨海低洼地带土地瘠薄、土壤盐碱、淡水资源短缺；多发性的旱、涝、碱、咸、病、虫等灾害严重威胁农作物生产。改善农村环境、增加农作物产量、解决农民贫困一直是世代河北人不懈努力的奋斗目标。

从20世纪50年代起，河北省就启动治理盐碱与旱涝灾害的早期科学尝试，在静海县（今天津市静海区）良王庄建立盐改试验站。

60年代，又在深县（今深州市）后营建立龙王河改碱试验区，之后相继在曲周张庄、南皮乌马营、刘八里等地设立盐碱地改良试验区。河北成为全国最早探索农业科技试验区的省份。

1982年，国家"六五"科技攻关计划中设立"中低产田改造和农业区域治理"项目，把加速粮食增长速度的目标指向中低产田，设立黄淮海平原、三江平原、北方旱区等6个区域的农业攻关题目。黑龙港地区的曲周和龙王河列入国家黄淮海平原农业攻关项目，张北坝上的小二台列入国家北方旱区农业攻关项目，成为国家级的农业综合试验区。同年，河北省科委组织农、林、水方面科技人员在黑龙港地区的东光、南皮、枣强、南宫、大城、曲周6县建立试点，以科技攻关项目形式，开始中低产田改造和盐碱地治理研究。1982—1985年，河北省农林科学院、河北农业大学等单位组织多学科、多专业、大范围协作攻关，黑龙港地区整体面貌改观，生产水平上新台阶，粮棉油产量逐年递增。1986年，河北省政府授予"黄淮海平原黑龙港地区农业科技攻关项目"科技进步奖特等奖，授予河北省农林科学院特别荣誉奖。

1986年，河北省科委在总结"六五"农业科技攻关经验的基础上，以黑龙港地区中低产田改造为重点，组织开展河北省的农业科技试验区工作。启动曲周、龙王河、南皮、南宫、枣强、大城、景县、雄县、黄骅、无极、张北11个类型的农业科技试验区。北京农业大学（今中国农业大学）、中国科学院石家庄农业现代化研究所、河北省农林科学院、河北农业大学、河北省水利科学研究所、河北省林业科学研究所、张家口高等农业专科学校、廊坊地区农业科学研究所、衡水地区农业科学研究所、沧州地区农业科学研究所等10余家大专院校、科研单位，200多名科技人员进驻农村基点，正式拉开全省大规模、多军团、长周期开展区域农业科技试验的大幕。

1986—1990年，河北省农业科技试验区的攻关目标为：以黑龙港地区中低产田改造与综合治理为基础，以粮食增产为核心，致力于农作物产量由低产变高产，稳定解决温饱，保障粮食安全。以黑龙港地区为主，设立曲周试验区（四疃）、南宫试验区（南杜）、枣强试验区（王均）、景县试验区（龙华）、无极试验区（南马）、黄骅试验区（南排河）、南皮试验区（常庄等）、龙王河试验区（东光、吴桥）、大城试验区（东近北）、雄县试验区（杨西楼）、张北试验区（小二台）等11个农业科技试验区。"七五"期间，试验区以增产粮棉为中心，鉴定技术成果68项，发表论文93篇，出版专著3部。累计获得直接技术经济效益4.8亿元，中心试验区增产粮食6.74亿千克，增产棉花0.53亿千克。

1991—1995年，农业科技试验区的攻关目标为：突出冀中平原地区的水土资源集约性生产，稳定增产农产品，调整农业生产结构，发展以高产、高效、优质为核心的"两高一优"农业，促进农业经济增收。设立曲周、大名、南宫、无极、雄县、景县、吴桥、南皮、遵化、张北10个试验区。攻关单位增加河北职业技术师范学院。"八五"期间，试验区共取得120多项科技成果，形成适用于不同类型区的主导产业发展技术体系，为农业区域经济持续发展提供科技支撑，推广应用22.7万公顷，累计获得20.5亿元的经济效益，中心试验区人均年收入由452元增长到1 628元。

1996—2000年，农业科技试验区的攻关目标为：突出围绕市场需求，调整区域农业生产结构，促进农业生产由数量型向质量型的增长，稳定增加农产品的有效供给，为农业持续发展提供技术支撑。设立曲周、大名、南宫、藁城、雄县、景县、吴桥、南皮、遵化、张北、滦县11个试验区。攻关单位增加唐山市农业科学研究所。"九五"期间，试验区共取得120多项科技成果。累计增产粮食22.1亿千克，增产皮棉0.13亿千克，增产蔬菜2.9亿千克，获得经济效益30.6亿元，中心试验区人均年收入由1 628元增长到2 713元。

2001—2005年，农业科技试验区的攻关目标为：加强技术创新与集成、促进区域农业标准化、规模化、产业化，为经济和社会发展提供更有力的科技支撑。农业科技试验区实行招标管理机制，在曲周、景县、遵化、张北试验区基础上，新设立鹿泉城郊类型区高效农业、海兴滨海低平原农业试验区。2001年启动6个省级农业科技试验区。2002年河北省启动农业科技进园区计划，农业科技试验区进入转型收官阶段。"十五"期间，河北省农业科技试验区取得科技成果110多项。

2006—2018年，随着社会生产能力的提升，经济形式发生了巨大变化，科技主攻方向开始由解决温饱逐步转向小康建设。这一阶段农业科技由主攻种植业转向多产业发展、农业产业化和产业深层次推进阶段。粮食丰产科技工程、渤海粮仓科技示范项目等重大项目实施，进一步推动环渤海区中低产田治理和农业高质量发展。曲周、南皮等区域农业实验站发挥了全省农业高新技术园区建设的引领作用和"科技小院"示范带动作用。

第二篇 农业科技试验区取得的技术成就

一、黑龙港旱涝盐碱地综合治理

1981—1990年，北京农业大学的石元春、辛德惠等牵头，在曲周、南皮试验区开展海河低平原中低产田综合治理研究。针对旱涝盐碱沙薄等限制农业发展和资源开发的制约因素，通过长期定位监测，探明该地区半湿润季风气候条件下盐渍土的水盐运动规律；提出区域水盐运动监测预报系统；研究出浅井深沟综合治理盐碱地技术、井灌沟排抽咸补淡的咸淡混浇综合治理盐碱地技术等。建立科技先导型农业综合试验区，建设农田防护林，集成农作物适宜栽培技术、农田灌排技术、经济施肥技术、土壤改良技术、中低产田改造等重大关键性技术，盐碱地治理、中低产田改造取得重大突破。

1993年，"黄淮海平原中低产地区综合治理的研究与开发"获国家科学技术进步奖特等奖。

（一）南皮试验区

1. 综合治理旱涝碱咸技术

1976—1980年，河北农业大学牟正国等在南皮县穆庄开展基本农田植树种草、多种经营、治理旱涝盐碱低产田的研究。推行"宜草则草，宜林则林"，因地制宜使所有土地都长出绿色植物，发展农林牧和多种经营。经过3年实践，改变了当地生产面貌，农林牧都得到发展，粮食总产由1977年的99 400千克提高到1980年的197 500千克，树木由1977年1.5万株发展到8.91万株，人均收益增加一倍，人均口粮由180千克提高到265千克。初步形成"林牧经粮"生产模式。

1982年，获国家农委、国家科委科技成果推广奖。

2. 水盐运动理论，盐碱监测、预报与调控技术

1981—1986年，河北省水利科学研究所等通过对南皮试验区进行多学科的综合试验，提出水盐运动理论和盐碱监测、预报与调控技术，总结出一套盐碱地预防及综合治理的措施，采取工程措施与生物措施相结合的治理方法，南皮乌马营试验区的盐碱地面积从6 666.6公顷减少到1 333.3公顷，粮食增产1.2~1.6倍。冬小麦、夏玉米、棉花等农作物进行浅层咸水、深层淡水混合灌溉，制定合理的灌溉制度，达到增产目的。

1986年，"咸水灌溉技术及推广"获河北省科学技术进步奖二等奖。

3. 井灌沟排、抽咸补淡、咸淡混浇综合治理盐碱地技术

1984—1987年，南皮试验区盐碱地综合治理研究提出以开发浅层淡水及微咸水为核心，井灌沟排、抽咸补淡、咸淡混浇综合治理盐碱地技术。配合灌排沟渠系统，实现调蓄地面水，排洪、排涝、排咸。项目区浅井灌溉面积由2 000公顷扩大到4 600公顷，浅层地下水的开采量扩大1倍以上，全区地下水位埋深控制在3米以下。同时，由于浅层地下水的开发，增进"伏雨洗盐排盐"效果。1987年，项目区土壤盐渍化的面积比1984年减少57.5%。

4. 近滨海缺水盐渍区综合治理配套技术

1981—1990年，中国科学院石家庄农业现代化研究所、河北省科委等在南皮试验区针对土壤盐渍化、气候季节性干旱，研究提出近滨海缺水盐渍区综合治理配套技术。以雨水利用为中心，创新节水灌溉与咸水利用技术、潮土培肥技术、农区人工草场发展技术、重盐渍土省水型快速改良技术、发展农区畜牧业等6项配套技术。试验区形成以水肥盐综合调控、粮棉草适水种植、林果枣生态配置和畜牧业规模经营为中心的适水型农牧结合生态农业模式。1989年，试验区生物生产力达到54万千克/公顷。其中，粮食生产力由14万千克/公顷提高到25万千克/公顷，增加78.6%。

1990年，"南皮近滨海缺水盐渍区综合治理配套技术研究"获河北省科学技术进步奖一等奖。

（二）曲周试验区

1. 半湿润季风气候区盐渍土壤的水盐运移规律

1973—1987年，北京农业大学的石元春、辛德惠等在曲周实验站进行长期定位研究，摸清该地区（半湿润季风气候区）盐渍土壤的水盐运移规律。提出以半湿润季风气候区旱涝盐碱和地下咸水的共存性为特征的独立生态系统观点。提出不同条件下的水盐调节模式。在曲周县2 666.7公顷的旱涝盐碱综合治理实践中取得成功。

1987年，获国家教委科学技术进步奖一等奖。

2. 浅井深沟综合治理盐碱地技术

1984—1989年，曲周试验区在揭示水盐运移规律基础上，推广浅井深沟综合治理盐碱地技术，达到涝能排、旱能灌。旱季浅层地下水下降56~141厘米，雨季地下水位也可降至2.5米以下。无井区2米深的土体平均土壤脱盐率为 4%~5%，有井区为 28%~48%。1984—1989 年，在曲周北部应用 1.87 万公顷，盐碱地面积减少 57.2%。1989 年，曲周试验区粮食单产高达 11 115 千克/公顷，皮棉单产 1 210.5 千克/公顷。粮食和皮棉产量增加近 10 倍。

3. 区域水盐运移监测预报方法

运用 GIS 和计算机技术，建立区域水盐运移监测预报信息系统（PWSIS），提出"区域水盐运移系统"的概念，建立区域水盐运移系统概念模型；突破对地下水水盐、土壤水盐分别单独预报，实现整体的系统预报。为"南水北调""引黄入淀"等大型水利工程设计实施以及预防渍涝和土壤盐渍化提供重要依据。

1992 年，获国家教委科学技术进步奖一等奖。

二、黑龙港中低产田改造

1981—1985 年，河北省农林科学院、河北农业大学、河北省水利科学研究所、河北省科学院地理研究所等联合组织大规模、多军团黑龙港攻关。在夏秋粮均衡增产、旱地农业增产、旱碱地棉花增产、缺水低产麦田经济用水、肥水配合、鸭梨枣粮间作等方面取得重要创新。1987 年，"黑龙港地区综合治理与开发"获国家科学技术进步奖二等奖。河北省政府授予河北省农林科学院黑龙港地区农业科技攻关特别荣誉奖。

1. 黑龙港地区夏秋粮均衡增产综合栽培技术

1983—1985 年，河北省农林科学院、河北农业大学等有关单位从黑龙港地区地薄、干旱、缺水等主要农业生态限制因素出发，对冬小麦、夏谷、夏玉米三大主栽作物开展常规技术集成配套研究。实施农艺节水，推广封闭式硬塑输水管工程节水。从周年均衡增产出发，对一年两熟制主要种植方式的施肥量、结构及方法进行系统优化研究。提出"治薄为首，治薄与治旱相结合""化肥起步，增加投入，氮磷协调，依水定肥，以无机促有机、有机无机相结合"的中低产粮田快速增产技术体系。通过新成果、新技术的示范和推广，促进夏秋粮生产的迅速发展。1985年，16.3万公顷的推广应用区粮食产量达到5 572.5千克/公顷，平均每公顷产量比攻关前3年提高95.1%，年平均递增24.9%，1983—1985年，累计增产粮食4.95亿千克，提升技术经济效益1.3亿元。

1985年，"黑龙港地区夏秋粮均衡增产综合栽培技术的推广应用"获河北省科学技术进步奖一等奖。

2. 黑龙港地区旱地农业增产技术及推广

河北省农林科学院衡水农业研究所根据黑龙港地区雨热同期和水旱地插花分布的特点，研究提出"一调、四改、三同步"旱地农业增产技术。"一调"，即调整粮棉种植比例结构和布局结构，提倡水浇地发展粮食生产，压缩春播、增加夏播。"四改"，即改秋耕敞垄为秋耕合墒，缓解春旱；改集中灌溉为分散灌溉；改旱地品种布局单一为早、中、晚熟种配套；改旱地农田三肥底施为秋收作物因雨定量、底追结合。从种植结构、土壤耕作、灌溉制度、施肥技术、品种布局、播期调整6个方面解决旱地矛盾，达到雨热季节、作物生长盛期、化肥施用高效期"三同步"，实现旱地农业增产稳产。该项技术适于全国半干旱半湿润易旱地区应用，在河北省黑龙港地区12个县市推广16.3万公顷，累计经济效益7 422万元。

1986年，获河北省科学技术进步奖二等奖。

3. 黑龙港地区综合治理与开发

1980—1985年，河北省农林科学院与河北农业大学等有关部门的近百名科技人员，开展多学科、多专业、大范围协作科技攻关。系统提出半湿润易旱地区中低产农田"治薄为主，化肥起步，增加投入，氮磷协调，依水定肥，以无机促有机，有机无机相结合"的快速治理途径。推广"限额节水灌溉，以水定肥、肥水配合技术"的经济高效施肥技术。选择"四维"治水、化肥起步、粮草定养、加工促农的技术途径，进行综合开发与治理。1983—1985年，在黑龙港地区7个地、市累计推广面积201.8万公顷，增产粮食9.85亿千克、皮棉9 242万千克、小枣1 350万千克、梨6 440万千克，农民人均年收入由1982年的126.45元增加到300元。

1987年，获国家科学技术进步奖二等奖。

4. 黑龙港地区缺水低产麦区经济用水、肥水配合栽培技术

1982—1986年，河北省农林科学院衡水农业研究所以降水和灌溉水不足为主要约束条件，研究高、中、低产量水平水效益最佳灌溉定额，建立氮、磷、水复合因子动态模型。利用水肥互补效应，确定节水型肥水定量关系，以肥调水，以肥保产。只浇起身拔节"一水"，获产量2 250~3 000千克/公顷，浇起身水、孕穗水，"两水"获产量3 750千克/公顷；浇冻水、拔节水、灌浆水，"三水"获产量5 250千克/公顷以上。1982—1986年，在河北省累计推广82.9万公顷。

1987年，获国家科学技术进步奖三等奖。

5. 小麦夏玉米两茬"亩产吨粮"技术体系的研究

吴桥试验区提出小麦让路、解放玉米、"亩产吨粮"的技术体系。关键技术是把小麦播期推迟15天，选用弱冬型穗数型品种，加大播种量，春生五叶期或六叶期追肥，保障群体穗数；夏玉米改早熟品种为中晚熟品种，推迟追肥期至大喇叭口期，待果穗顶部籽粒黑层形成，中部籽粒乳腺近于消失时收获，充分发挥玉米的后期增产潜力。实现"退一进二"，即小麦在播种期退一步，适时麦变成晚播麦，小麦产量6 000千克/公顷，玉米产量9 000千克/公顷，两季产量15 000千克/公顷。"吨粮田"的水分利用效率为20.25千克/（毫米·公顷）。

1991年，获国家科学技术进步奖二等奖。

6. 海河低平原节水型农业研究与综合开发

1981—1990年，南宫试验区针对海河低平原水资源严重不足，水旱地插花分布情况，在揭示土壤水分消长动态与作物耗水规律基础上，提出限水农田粮棉节水生产技术。其关键技术是通过调整作物结构与水分运用，选用抗旱喜肥型品种，配合节水栽培耕作措施，形成以节水为中心的适应种植、合理配水、肥水配合纵横调控的种植结构及麦棉夏秋一体种植技术体系。该技术体系大面积生产示范，粮食产量提高18.5%~26.5%，皮棉产量提高11.6%~21.7%，耕地节水30.8%，水分利用效率达到13.2千克/（毫米·公顷），实现单位面积产量、水分利用效率、经济效益的统一。

1992年，获国家星火科技三等奖。

7. 冬小麦节水高产高效栽培技术体系研究

1991—1995年，吴桥试验区提出播前灌足底墒水，关键时期补充灌溉为辅的冬小麦节水高产高效栽培技术体系。生育期间不灌水，小麦产量5 250~6 000千克/公顷；生育期灌一次水，小麦产量稳定在6 000~6 750千克/公顷；生育期灌两次水，产量6 750~7 500千克/公顷。水分利用效率达到16.5千克/（毫米·公顷），使节水、高产、资源高效益三项指标得到统一。

1999年，获国家科学技术进步奖三等奖；2000年，获河北省科学技术进步省长特别奖。

三、区域农业产业结构调整

1. 坝上农牧结合、农林牧综合发展技术体系

1981—1990年，张北试验区以农—草—畜为中心，调整种植结

构，推行"小麦下滩，豌豆上山"，提高农业资源利用率为中心的农牧结合、农林牧综合发展技术体系。通过豌豆早播、深种、施磷为核心的"早、深、肥"实现粮食稳产高产；通过建立一年生"青莜麦+箭舌豌豆"混播、多年生"油菜+老芒麦+紫花苜蓿"混播草地，稳定提高饲草产量。人工草配以羊、肉兔、鸡、猪为主的"四小养"生产，促进坝上地区农林牧综合发展。粮食单产由"六五"时期的900千克/公顷增加到1 405.5千克/公顷，提高56.1%；1989年羊只饲养量是1985年的3.40倍。张北试验区年人均纯收入达575.5元，比"六五"时期的180元提高219%。

1991年，获河北省科学技术进步奖二等奖。

2. 高寒半干旱低投入区农牧业综合发展技术体系

1991—1995年，张北试验区建立高寒半干旱低投入区农牧业综合发展技术体系。采取推迟莜麦播期，氮磷配合生育期趁雨追肥等措施，实现作物生产要素最优配置，快速提高雨养莜麦产量。采用"莜草混播"，建立人工草与农田秸草复合型的饲料生产体系，莜麦产量提高95.7%~297.8%。1995年，中心示范区人均占有粮食达到482.9千克，人均收入达930.5元。

1996年，获河北省科学技术进步奖一等奖；1997年，获国家科学技术进步奖三等奖。

3. 黄淮海平原持续高效农业综合技术研究与示范

1996—2000年，河北省低平原区土壤盐渍化基本得到治理，社会对农业生产提出"高产、优质、高效"的新目标，曲周、南皮试验区通过技术集成创新，形成以区域农业结构优化与功能放大为技术核心，以区域水、土资源高效可持续利用技术为生态持续性保障，以优化配置种植业和畜牧业高效集约化技术和设施农业技术为生物潜力开发与经济持续性保障的持续高效农业综合技术体系。包括：以覆盖栽培、水肥调控、土壤深松等农艺节水技术为主体，优化地表节水灌溉、机械播收一体化、微灌流量控制以及微咸水利用等关键技术相配套的新型节水农业综合技术；优质小麦品种与规模化栽培技术体系、高营养和特用玉米生产新品种结构体系与高产高效栽培技术体系、优质果品开发及篱壁式栽培配套技术、以微生态制剂为特色的农产品无公害技术模式；青刈黑麦产业化生产技术体系、秸秆资源饲料化"微贮"新技术、波尔山羊杂交改良配套技术以及无公害畜禽产品生产技术；包括日光温室布局区划、温室计算机辅助设计与新式日光温室建造、温室水土气热综合调控与高效栽培为一体的系列化设施农业技术体系；形成沙土玉米—花生间作高效利用模式、砂姜黑土高效快速改良技术；建立技术集成推动县域农业的持续发展模式。

2003年，获国家科学技术进步奖二等奖。

4. 坝上高寒区错季蔬菜为主的高效生产结构技术体系

1996—2000年，张北试验区提出以发展喜凉性错季蔬菜为核心，"经济作物突破、草畜跟进发展"的高寒半干旱区农牧综合治理与适度开发技术体系。建立"麦薯豆菜"高效生产结构，施行"水地菜、旱地粮"作物布局调整。选择春季不抽薹、夏季耐湿热抗病害的大白菜、白萝卜、圆白菜等品种，建立菜种与品种时序配合为基础的"市场—品种—播期—栽培"为核心的高效生产体系。实现每公顷蔬菜产值35 850～39 150元，比生产粮食提高8～11倍。坝上蔬菜生产的突破，将区域低温劣势转化为喜凉蔬菜的生产优势，进一步转化为市场优势，快速启动区域开放性市场农业的发展。2000年，中心示范区年人均纯收入达2 683元，比1995年增长150%。

2002年，"高寒半干旱区农牧综合治理与适度开发技术体系"获河北省科学技术进步省长特别奖。

5. 小麦节水省肥高产简化四统一栽培技术

1996—2000年，针对黄淮海冬麦区小麦生产中的高量水肥投入与利用低效的矛盾，吴桥试验区提出以水分的响应与适应为核心的小麦节水省肥高产简化四统一栽培技术。全部肥料作基肥一次性深施，简化栽培措施。在水肥限制下实施"增加穗数、稳定粒数、提高粒重"的群体结构。实现春不浇水 6 000 千克/公顷、春浇一水 6 750~7 500 千克/公顷，春浇二水 7 500~9 000 千克/公顷的产量水平。水分利用效率和氮肥利用率同步提高 15%~25%；一次性施肥，措施简化。

6. 燕山山麓平原区以粮为主高效农业持续发展配套技术

1996—2000 年，遵化试验区燕山山麓平原区以粮为主高效农业持续发展配套技术。提出"吨粮田"（折合每公顷 15 000 千克粮食，下同）的土壤条件和"吨粮"栽培技术，在北纬 40°两茬积温不足地区，施用氮素 420~450 千克/公顷，实现作物高产 18 600 千克/公顷，并最大限度控制土壤污染。中心试验区粮食总产提高 29.2%。

2002 年，获河北省科学技术进步奖三等奖。

7. 黑龙港北部土壤养分限制谱序与识谱施肥

1996—2000 年，雄县试验区提出黑龙港北部土壤养分限制谱序与识谱施肥技术。通过耗竭试验，揭示黑龙港北部土壤对小麦的养分限制谱序为 N>P>K>（Zn、Mn）>B>（Cu、Fe）；对玉米的养分限制谱序为 N>（P、K）>（Zn、Fe）>（B、Mn、Cu）。限制谱序与平衡施肥技术有机地结合，提出不同目标产量下施肥的养分组合。

2002 年，获河北省科学技术进步奖三等奖。

8. 小麦—玉米轮作持续高产土壤养分管理技术

1996—2000 年，雄县、遵化、藁城等试验区，提出小麦—玉米轮作持续高产土壤养分管理技术。首次采用国际先进的土壤养分系统研究法与田间肥料定位试验相结合的方法，系统研究高产土壤小麦—玉米轮作持续高产条件下 N、P、K、Zn、Mn、S、B、Cu 等营养元素的产量效应及环境效应，提出维持土壤养分综合平衡、作物持续高产、防止环境污染的土壤养分管理技术。利用网络建立土壤养分专家管理咨询系统，加快该技术在石家庄、唐山、保定等地区推广应用。

2002年，获河北省科学技术进步奖二等奖。

四、区域农业技术集成

1. 河北平原盐渍化类型区农业优势产业发展关键技术

2001—2005年，南皮试验区研究集成抗虫棉田和枣园绿盲蝽发生规律与协调防治技术，棉花"双冠层"高光效简化栽培技术；盐碱地两相耕作法作物快速增产技术体系和盐生植物快速开发技术；无核枣优质丰产栽培技术；研制水暖增温制干室设施制干（枣）工艺。使棉田防治绿盲蝽用药量减少50%以上，减少棉花损失10%~18%；无核枣高接换优4年生产量3 300千克/公顷；水暖设施制干（枣）时间比传统减少12天，蔗糖含量提高2.1倍；冬小麦产量增产15%以上；重盐渍区柽柳育苗凹穴移栽成活率达95%以上；盐地碱蓬草产量达14 220千克/公顷，比自然生长提高2.3倍。

2. 冀西北农牧交错区水土资源综合利用与保护技术体系

2001—2005年，面对坝上农牧交错区土壤侵蚀、起沙扬尘等生态安全问题，张北试验区提出以水土条件较好的耕地集约化生产蔬菜、坡梁旱沙地退耕生态建设的"进一退二"为核心的农牧交错区水土资源综合利用与保护技术体系。一是高温育苗实现大白菜早播防抽薹，白菜收获后移栽甘蓝，突破菜田一年两茬的集约化生产；二是在旱地稀植小南瓜，"沟作覆膜、聚水集肥"的雨养栽培技术；三是坡梁风蚀耕地进行退耕还林还草生态建设。白菜高温育苗移栽生产，防止抽薹的效果达90%~100%，较露地直播上市时间提早15~20天，进一步移栽二茬蔬菜甘蓝，总体经济效益较传统种植增加20%~100%。雨养小南瓜覆膜生产，产值与水分产值效率是对照的7~8倍。高效技术支持坡梁地大面积退耕还林还草生态建设，促进坝上农牧交错区退耕系统生态与经济的双重增效生产。

2005年，获河北省山区创业二等奖。

3. 燕山山前平原粮、经、畜集约化生产研究与示范

2001—2005年，面对燕山山前平原区农牧结合与畜禽生产中存在的畜禽结构不合理，耗粮型的猪、鸡占比过大，饲料报酬低等问题，遵化试验区提出发展食草性家畜奶牛的养殖，提高农业系统的综合生产力，形成燕山山前平原粮、经、畜集约化生产的农牧结合技术体系。发展墨西哥饲料玉米，实现年刈割4茬；青贮玉米秸、混合精料和苜蓿草三者作为奶牛饲料，改进奶牛全混合日粮优化配方；在优化日粮配方与饲料添加剂后，奶牛日产奶量15.89千克，每头奶牛毛利润平均比对照提高4.48~5.97元/天。

2006年，获河北省科学技术进步奖三等奖。

五、粮食安全科技示范工程

1. 河北省粮食丰产科技工程

"粮食丰产科技工程"是2004年由科技部、农业部、财政部、国家粮食局联合12个粮食主产省启动实施的重大项目，主要是立足东北、华北、长江中下游三大平原，围绕水稻、小麦、玉米三大粮食作物高产高效目标，开展技术集成与创新研究，为保障国家粮食安全提供技术支撑。该工程分两个实施阶段。第一阶段为2004—2006年（粮食恢复期），重点是集中力量实现水稻、小麦、玉米生产能力的恢复性增长，并为粮食持续增产进行超前技术储备研究与创新；第二阶段为2007—2010年（粮食增长期），重点是依靠科技促进粮食生产能力迈上新台阶，为实现2010年全国粮食生产能力达到5.4亿吨的目标提供更加有效的科技支撑。河北农业大学、河北省农林科学院、河

北省农业技术推广总站、石家庄市农业科学院、中国科学院石家庄农业现代化研究所等20家单位的300余名科技人员参加了河北粮食丰产科技示范工程联合攻关。藁城、正定、辛集、赵县、深州、景县、宁晋、大名、曲周、玉田10个示范县为项目实施区，辐射带动太行山山前平原、黑龙港地区、冀东平原区3个不同生态类型的粮食主产区68个县（市、区）。

"十一五"期间（2006—2010年）主攻光热水肥高效利用、农艺农机深度融合的技术创新，该项目针对海河平原小麦玉米两熟光热资源不足、水资源严重匮乏等突出问题，研究创建小麦玉米丰产高效关键技术，使小麦玉米光、温生产效率提高10.9%、12.6%和31.6%、6.3%，水分生产效率提高14%；氮磷钾肥经济产量效率提高3.2%~32.3%；自主研制的新型播种机播种均匀性提高40%，出苗率提高17.3%。集成创新不同生态区的丰产高效技术体系，连创海河平原小麦玉米大面积超高产纪录，推广应用7 261万亩（15亩=1公顷），增产469.1万吨，增加经济效益63.1亿元，年节水8亿~10亿立方米。取得国家授权专利11项，制定技术标准3项，发表论文249篇。显著促进了作物栽培学等学科的发展和粮食生产科技进步。2011年，河北粮食丰产科技工程"海河平原小麦玉米粮食丰产高效关键技术创新与应用"获国家科学技术进步奖二等奖。

"十二五"期间（2011—2015年）主攻高产节水节肥、增产增收增效同步的技术突破。建设核心区7.8万亩（其中，小麦3.5万亩、玉米2.3万亩）；实施区面积6 000万亩（冬小麦4 000万亩，夏玉米2 000万亩）；辐射区7 220万亩（小麦4 800万亩，玉米2 420万亩）。肥料利用效率提高18%。灌溉水利用率提高32%，5年累计节水40亿~50亿立方米。共计增产361万吨，增加经济效益75.1亿元。共研制新产品17种，获得国家专利授权57项、软件2个，鉴定科研成果26项，发表论文289篇，出版著作24部，制定生产技术规程13项。累计组织培训3 067期次，培训技术人员和农民49.1万人次。

"十三五"期间（2016—2018年）延续粮食丰产科技示范工程计划，主攻"创新驱动、绿色提升、生态涵养、提质增效"，以品种优组为基础、栽培创新为支撑、耕作融合为保障，创建的小麦玉米节水丰产增效技术模式日臻完善成熟，实现了水分—养分—热量协同增产，农艺—农资—农机融合增效，节水—减肥—减药提质增收的创新目标，建设了1万亩核心试验区、100万亩技术示范区、1 000万亩技术辐射区，扶植带动了106个新型农业经营主体，21项创新技术、12种创新产品、3套创新模式。据不完全统计，国家粮食丰产科技工程实施以来，项目组创建的小麦玉米节水丰产增效技术模式已累计推广应用8 200多万亩，增产413万吨；节水约40亿立方米、节肥35万吨，化学农药减少25%，灾害损失降低28%，新增效益87.3亿元。

2. 河北渤海粮仓科技示范工程

环渤海低平原有4 000多万亩中低产田和1 000多万亩盐碱荒地。大量中低产田土壤瘠薄盐碱，施肥过量；土壤结构不良，地下超采严重，产量潜力未充分发挥。2010年李振声院士提出"渤海粮仓"建设构想。2013年，科技部、中国科学院联合冀、鲁、辽、津启动"渤海粮仓科技示范工程"项目。河北省参加了国家渤海粮仓科技示范工程，河北项目区占国家项目实施区域面积的60%。成立了河北省渤海粮仓科技示范工程领导小组。示范工程建立了由时任河北省主管副省长沈小平、许宁任组长，省科技厅、财政厅、农业厅、水利厅、省农科院和相关市政府主管领导为成员的领导小组，统筹领导全省行动。项目设立管理办公室，挂靠河北省农林科学院，负责项目管理具体工作。项目设立了以首席专家为统领的京津冀协同，中央、地方科技人员共同参与的创新团队，分区域建立了重点示范县和推广县。示范县采取"县域总指挥+科技特派团+新型经营主体"的管理模式。

由主管县领导任县域总指挥，技术依托单位科技人员与市县技术人员组成科技特派团，技术负责人任科技特派团团长，项目承担企业和新型经营主体为项目实施法人实体，协同推进项目实施。2014 年制定了行动方案和管理办法；河北省科技厅、财政厅、农业厅、水利厅、省农科院联合印发《河北省渤海粮仓科技示范工程行动方案（2014—2017 年）》。

2004—2018 年，河北省农林科学院、中国科学院遗传与发育生物学研究所农业资源研究中心、河北省农业技术推广总站、河北农业大学等科研、生产、推广 28 家单位、300 余名科技人员开展了为期 7 年的持续攻关示范，采用"生态优先、节水改土，稳夏增秋、棉改增粮，粮饲结合、集约经营"的技术路线，实施百亩试验田、千亩示范方、万亩辐射区的"百千万示范工作法"。百亩试验田侧重适应性、检验性、放大性试验，重在实验数据的获得；千亩示范方重在展示成熟成果的规模效果；万亩辐射区重在实现增产增收增效，实现主体技术的逐级放大。推广应用了"棉田增粮、稳夏增秋、多水源综合利用"突破粮食增产技术体系。开发出棉田增粮、稳夏增秋、节淡用咸、雨养旱作、微灌水肥一体化、多水源高效利用等新技术；创新农机农艺结合技术，棉麦套作配套机械，全程机械化的棉田增粮技术体系，节肥 16.9%~19.3%，亩省工 3~4 个。推广应用了稳夏增秋节水增产技术体系，冬小麦适度水分亏缺促早熟稳产，夏玉米早播晚收延长生育期提产量，增产 17.2%~19.5%。推广应用了小麦—玉米两熟多水源高效利用技术体系，集成"节淡用咸"水盐时空调控技术、冬季小麦坑塘储水灌溉、春季小麦微咸水抗旱灌溉、夏季玉米微咸水应急灌溉的多水源高效利用技术，产量增加 100 千克/亩以上。推广应用了小麦玉米微灌水肥一体化技术体系，优化微灌设备田间布设，小麦亩产 566.5 千克，增产 15.5%，亩节水 55 立方米（31.6%），水肥利用率分别提高 27.3% 和 12.1%；夏玉米增产 17.2%。推广应用了主要粮食作物雨养旱作轻简化技术体系，配套品种、"农机+覆膜集雨+追施水溶肥技术"的旱地小麦玉米集雨栽培技术体系，突破了旱碱地作物保苗追肥难题，小麦、玉米、谷子分别比常规栽培增产22.1%、10.7%、21.0%。推广应用了盐碱地高效种植技术体系，咸水灌溉覆膜降盐+雨季淋盐+耐盐（盐生）植物种植，采用小于15克/升高矿化度咸水冬季结冰灌溉或春季灌溉覆膜，播期耕层盐分控制在0.3%~0.4%，突破盐碱地耐盐植物定植难题，出苗率在80%以上。

集成创新形成棉田增粮技术模式、稳夏增秋节水增产技术模式、小麦玉米两熟多水源高效利用技术模式、小麦玉米微灌水肥一体化技术模式、雨养旱作轻简化技术模式、盐碱地高效种植模式、种养结合循环农业发展模式、培肥改土、资源高效利用、增粮技术模式8套增粮技术模式。2013—2017年，累计示范推广5197万亩，增粮47.6亿千克，节水41.4亿立方米，节本增效109.3亿元；2017—2019年，累计示范推广3161万亩，增粮30.16亿千克，节水18.6亿立方米，节本增效74亿元。形成科技专利42件（发明专利8件），软件著作权4件；颁布省级地方标准22项；制作出版主推技术专题片15部；出版著作13部，发表论文149篇。2020年，河北渤海粮仓科技示范工程获河北省科学技术进步奖一等奖。河北渤海粮仓科技示范工程形成的粮食生产效益提升与地下水超采综合治理、生态修复相结合的增粮技术模式，为河北省粮食总产连续7年稳定在700亿斤（1斤=0.5千克）发挥了重要作用。

第三篇　农业科技示范园区 20 年快速崛起

改革开放 20 年后，农业生产能力迅速提升，农业劳动效率大幅度提高，农村温饱问题基本得到解决，河北省的农业与农村发展进入新阶段，科技管理体制、科技工作布局发生了新的变化，农村进一步发展方向就是奔小康，建成美丽乡村，实现乡村振兴；经济形势好转以后，科技主攻方向由种植业为主向多产业发展、产业化发展、现代农业发展，产业结构向深层次推进。农业科技试验区保留了代表山区（遵化）、坝上地区（张北）、山前平原（景县）、低平原（曲周）、滨海（海兴）、城郊（鹿泉）等生态类型区的 6 个综合试验区。以农业资源高效利用为中心开展的粮食安全工程、新农村建设科技示范、农业科技示范园区成为新时期的工作亮点。

2000 年以后，河北省围绕现代农业和农业产业化，抓农业高新技术园区建设，由河北省科技厅牵头组织省级农业科技园区的管理和认定工作。

一、2001 年

2001 年，河北省科技厅制定了《河北省农业科技园区管理办法（试行）》，目的是为了将现有成果向生产上转移，提升改造传统农业，以引进吸收、集成配套的产业化关键技术为支撑，进行产业化项目的大规模示范与应用，提高农产品质量、档次和效益，实现有效带动区域农业发展和产品结构升级。河北省农业科技园区按照农业科技试验区、农业科技示范区、农业高新技术园区 3 个层次，采取"宏观指导、项目启动、择优支持、滚动发展"的管理模式，实行"政府引导、企业运作、科技支撑、中介参与、农民受益"的组织机制。充分调动地方政府、企业和广大农民参与园区建设的积极性。全省农业高新技术园区认定总数达到 22 个。其中，三河农业科技园区（1999 年被列为省级农业科技园区）2001 年 9 月被列入国家科技部首批启动的 21 个国家农业科技园区（试点）。河北省科技厅面向农业科技园区启动的 35 个科技项目，支持重点园区开展农业科技研究、新技术示范和产业化开发，促进了地方特色科技主导产业的形成和发展。

邓庄省级农业高新技术园区，建设面积 500 亩，建设了 150 栋高级日光温室，2 栋连栋温室，2 个中心（组培中心和净菜加工配送中心），初步形成了龙头连基地、"公司+农户"的产业化格局。园区单栋温室最高收益 3.6 万元，最低 1.2 万元，年纯收入 80 多万元，同时带动全市新增蔬菜面积 10 万亩，新增大棚 3 万个，带动农户 2.8 万户，建成了国内北方最大的樱桃番茄生产基地。2001 年 3 月，河北省科技厅在衡水邓庄召开了全省农业科技园区现场会，11 月 4 日，中共中央总书记、国家主席、中央军委主席江泽民来河北省视察时，兴致勃勃地视察了衡水邓庄省级科技园区，对该园区的做法给予了充分的肯定。

张北试验区在兴隆村示范 60 亩大白菜拱棚纸桶育苗防春化技术，5 月 1 日前后育苗，7 月 21 日开始上市，地头售价 0.8~1.0 元/千克，最高亩产值达到了 6 300 多元。在高寒区创造了奇迹，产生了轰动效应。

二、2002 年

2002 年，河北省农业科技园区建设发展迅速，全省建设中的各级各类农业科技园区总数已达 250 多个。科技部建设规划的园区 1 个，河北省科技厅规划建设的农业高新技术园区 21 个；科技厅正式新认定的省级园区 15 个。河北省农业厅、省农委等部门建设规划的园区 37 个，市级建设规划的园区 57 个，县级 152 个。全省农业科技园区核心区面积 42.9 万亩，示范区面积 178.9 万亩，辐射带动面积达 1 180.9 万亩，对全省的农业科技进步和推动地方经济的发展发挥了积极作用。据统计，全省通过农业科技园区建设发展喷灌面积 6.45 万亩，微灌面积 2.91 万亩，集雨节灌面积 8.02 万亩，改良土壤 21.90 万亩，修建农田防护林 12.97 万亩，建成良种扩繁基地 1 422 亩、良种基地 16.98 万亩、组培中心 3.78 万平方米、工厂化育苗基地 25.16 万平方米、苗圃 4.71 万亩、畜禽良种繁殖基地 981 亩。据对全省农业科技园区调查数据的汇总分析，园区核心区农民人均年收入达 5 700 多元，示范区达近 4 000 元，辐射区达 3 000 元，都明显高于河北省的平均水平。

邓庄省级农业高新技术园区，初步形成了龙头连基地、"公司+农户"的产业化格局。到 2002 年底，该园区核心区已完成投资 3 100 多万元，建设面积 500 亩，建成 150 栋高级日光温室，两栋连栋温室

(一栋5 000平方米的全智能温室)，3个中心（组培中心、净菜加工配送中心及科技培训中心），带动示范区建成17个无公害蔬菜生产基地，发展蔬菜1.5万亩。开展了设施蔬菜天敌治虫大面积试验示范，在温室中释放赤眼蜂、食蚜瘿蚊、桨角蚜小蜂等昆虫天敌，利用这些天敌来治害虫，有效减少了虫害的发生，也减少了用药量，取得了很好的效果，平均每个温室（0.5亩）增收800多元。

2002年河北省科技厅认定的农业科技园区名单（15个）

2002年1月10日认定农业科技园区（4个）	2002年12月19日认定农业科技园区（11个）
北戴河农业高新技术试验示范园区	泊头市农业科技园区
河北省河英绿色产业试验示范园区	保定市昌利农业科技园区
衡水市（邓庄）农业高新技术园区	香河县农业高新技术园区
内丘县农业高新技术园区	临漳县农业高新技术园区
	迁西县农业科技园区
	唐山奶业科技园区
	冀西北高原脱毒马铃薯科技示范园区
	中捷水产科技园区
	藁城市农业高科技园区
	迁安农业科技园区
	张三营农业科技旅游观光园区

河北省河英绿色产业科技园区坚持"公司+农户"、龙头带基地、企业促生产的经营模式，创办了绿色养鸭产业，探索出了带动农业产业化发展的道路。龙头企业河英公司通过提供生态养鸭的种鸭、配套饲料、防疫药品和养殖技术，为农户提供全程技术服务，并回收园区内养鸭户的无公害绿色商品活鸭，进行深加工，实现了"六统一"，即统一标准、统一宰杀加工、统一包装、统一入库、统一运输、统一销售，园区已辐射到河间为中心的周边4个县、20多个乡镇。

迁西县农业科技园区以培育和壮大板栗产业为主导，推动优质板栗产业综合管理水平、科技含量、附加值的提高，研究了鲜板栗储藏技术方法，示范了板栗平衡施肥、抗旱节水技术，建集雨水窖集水30万立方米，核心区增产板栗3万千克，示范区增产50万千克，增加经济效益近1 000万元。

张北试验区针对目前坝上地区盲目发展温室、现有温室利用不合理、不能充分发挥应有的作用、大多数温室蔬菜栽培存在经济效益甚低的问题，试验发展大棚香椿，与坝下平原区错季，满足6—9月绝对淡季的市场需求，且栽培方法简单，亩效益在4 000元以上。河北农业大学等完成的"高寒半干旱区抗逆农业生产结构与资源高效开发技术体系"获2002年度河北省科学技术进步省长特别奖。

三、2003年

2003年，河北省各级各类农业科技园区总数250多个。其中，科技部建设规划的园区1个（三河农业科技园区），河北省科技厅认定的省级园区25个，农业科技园区已经成为当时农业科技成果转化和示范的重要渠道。

曲周农业高新技术园区依托中国农业大学，推广了优化配方施肥、工厂化育苗机械化移栽、秸秆整株翻压还田等18项新技术，建成了良种繁育基地、甜玉米规模种植及保鲜加工、花卉繁育基地、苗木繁育圃、银杏杏扁繁育开发基地、银杏茶业有限公司。同时，建设了现代化农业信息系统。林业产业化、甜玉米产业化、高油大豆产业化、无公害蔬菜产业化等已初具规模。

河北京安科技示范园区已建成斯格种猪繁育中心和肉类联合加工厂，推广斯格种猪2万头，猪存栏达7万头，年产优质瘦肉型商品猪12.6万头。廊坊市农业高新技术示范园与北京林业大学林业科技股份有限公司合作建设了廊坊北林花卉生产基地，利用园区的先进温室设施，全套引进北京林业大学的花卉生产技术进行花卉苗木生产，年产值达8 000万元，创利税3 000万元。

丰润奶业科技园区建成了可供90头牛同时进行胚胎移植的胚胎移植室380平方米，应用良种奶牛胚胎进行胚胎移植试验，2003年用黄牛做受体牛，利用加拿大良种奶牛胚胎进行胚胎移植，已完成移植1 000头，同时由北京奶牛中心引进其后裔年产奶量10吨以上的鲜胚100枚，在周边的5个重点镇（乡）的7个百头以上规模场户进行了试验示范。在技术开发方面采用精子染色体分离性别检查、胚胎显微镜性别鉴定等高新技术，使胚胎移植母牛出生率达到90%以上。10月办理了由美国进口6 000枚胚胎的许可证。根据丰润区基层奶牛品种改良工作的实际，制定了"三统一"的管理模式，被当地政府采纳，并出台了唐山市丰润区人民政府《关于加强奶牛冷配行业管理的实施意见》，对全区61个奶牛冷配站点集中培训，全面落实了"统一供精、统一供氮、统一培训考核"的三统一管理制度，与基层改良站点签订了冻精专供协议，实施了公司供应分站、分站供应改良点、垂直专供封闭运行的管理模式。

2003年，临漳农业高新技术园区重点与河北农业大学加强了科技合作，胚胎移植波尔山羊种羊存栏由上年的十几只迅速发展到了400多只，杂交羊存栏达4 000多只，为农民提供种羊、杂交羊1万余只，配种4万余只。新上了秸秆饲料加工厂和屠宰加工生产线，形成了产加销一体化、"公司+基地+农户"的经营格局。把养殖业、沼气工程、种植业有机结合，探索出"林草间作、羊沼结合"生态养殖新模式。先后引进了一批种养加项目，建成了兴科苑、PIC生态猪场、万只养鸡场、牛蒡种植基地、芦笋购销服务中心等，为群众提供果树种苗40多万株、芦笋种苗500万株、波尔山羊杂交羊1万多只、三元杂交商品代种猪6 000多头，改良本地山羊6万多只，帮助农民销售蟠桃300多吨、芦笋200余吨，带动全省新增芦笋种植面积

2 000余亩、温室蟠桃种植面积1 500余亩，波尔山羊养殖户发展到6 000多户，多元杂交猪养殖户发展到3 000多户。举办林果、蔬菜、养殖、食用菌种植等各类培训班30余期，参训人员达3 000多人次。

2003年河北省省级农业科技园区名单（25个）

省级农业科技园区	省级农业科技园区
正定农业科技园区	涿州农业科技园区
藁城农业科技园区	泊头农业科技园区
隆化农业科技园区	中捷农业科技园区
坝上农业科技园区	河间河英农业科技园区
坝下农业科技园区	肃宁农业科技园区
北戴河集发农业科技园区	衡水邓庄农业科技园区
唐山奶业农业科技园区	安平裕丰农业科技园区
唐山海珍农业科技园区	内丘农业科技园区
迁安农业科技园区	邢台前南峪农业科技园区
迁西农业科技园区	大曹庄婴泊农业科技园区
香河农业科技园区	临漳农业科技园区
廊坊广阳农业科技园区	曲周农业科技园区
保定昌利农业科技园区	

四、2004年

2004年，根据国家清理科技园区的有关文件精神，撤销内丘农业科技园区、河间河英农业科技园区、泊头农业科技园区、唐山奶业农业科技园区、坝上农业科技园区、迁安农业科技园区、隆化农业科技园区、临漳农业科技园区、迁西农业科技园区、安平裕丰农业科技园区、肃宁农业科技园区、坝下农业科技园区、大曹庄婴泊农业科技园区、曲周农业科技园区14个农业科技园区。同年，河北省科技厅暂停对农业科技园区进行认定。

张北、景县、遵化等6个农业综合试验区投入科技人员118名，围绕不同类型区农业发展中面临的关键技术问题进行科技攻关，实施科研攻关课题26项，通过试验、示范、推广，进一步促进了区域农业自然—社会资源潜力开发，对培育和发展区域特色农业主导产业，优化农业产业布局起到了积极作用。如遵化试验区针对燕山山前平原区资源特点和以粮为主的农业生产格局，从优化资源配置、调整农业产业结构、发展优势产业、提供系统生产力入手，对燕山山前平原粮、油、果、菜、畜等生产中的关键技术进行了研究，确定了全区主导粮食作物和相关适宜品种，进行了精准蔬菜基地环境测评与区划，建立了区域内主要蔬菜无公害标准化生产技术规程，提出了保持燕山板栗天然品质的技术规程，初步确立了燕山山前平原区以粗饲料为基础的牛羊日粮的优化结构。海兴试验区针对区域土壤盐碱、浅层地下水咸、岩生植物资源丰富的特点，开展了经济盐生植物适生种筛选与生物特性研究，重点开展了柽柳苗木生产和产业化发展技术研究，盐碱地作物生产创新技术研究，实现了当年治理当年见效，2004年试验小麦产量每亩达400多千克，增强了当地农民在盐碱地发展高效种植业的信心，初步总结出了适合当地实际的农业发展模式。张北试验区在继续引进选育优质、抗逆蔬菜品种的基础上，又引进成功种植了旱地经济作物小南瓜。亩产鲜瓜可达1 100千克，亩效益达880元，为坝上地区农民增收开辟了一条新途径。张北试验区获得河北省科学技术进步奖二等奖1项。

2004年3月，科技部、农业部、财政部、国家粮食局启动实施了国家重大科技专项"粮食丰产科技工程"。河北省被正式列入国家"粮食丰产科技工程"示范省，承担"小麦—玉米两熟丰产高效技术集成研究与示范"项目。2004年10月7日上午，河北省政府在藁城市举行国家"粮食丰产科技工程"河北省项目启动仪式，这标志着河北省承担的国家"粮食丰产科技工程"项目进入全面实施阶段。

河北省科技厅、农业厅、财政厅、河北农业大学、河北省农林科学院等项目领导小组成员单位领导，专家顾问组专家，石家庄、邯郸、衡水、邢台、唐山市科技局主管局长，藁城、正定等10个项目示范县（市）的领导和有关人员及当地农民代表约100人参加了会议。代表实地考察了藁城市项目核心区、示范区种麦现场，参观了藁城市农业信息中心。新华社河北分社、科技日报河北记者站、河北日报、河北电台、河北电视台、河北科技报等进行了报道。

五、2005年

2005年，河北省各级各类农业科技园区总数累计250多个。其中，国家科技部建设规划的园区1个（三河农业科技园区）。保留省级认定的农业科技园区有：正定农业科技园区、藁城农业科技园区、北戴河集发农业科技园区、唐山海珍农业科技园区、香河农业科技园区、廊坊广阳农业科技园区、保定昌利农业科技园区、涿州农业科技园区、中捷农业科技园区、衡水邓庄农业科技园区、邢台前南峪农业科技园区11个。核心区规划面积3 906公顷，示范区面积3.53万公顷，辐射区16.91万公顷。科技园区职工5 558人，科技人员1 675人。实现总产值14.8亿元，人均纯收入5 766元，培训农民14.8万人（次）。

河北省节水农业重大科技专项 河北省承担的国家"863"节水农业重大科技专项"华北半湿润偏旱井灌区节水农业综合技术体系集成与示范"以提高农田灌溉用水效率和实现地下水采补平衡为目标，经过4年的试验研究和示范，建立了华北井灌区粮田综合节水农业模式。该专项获实用新型专利12件，申请发明专利4件，获软件著作权登记1项，建立示范区1万亩，灌溉水利用率由70%提高到85%，作物水分利用效率由1.41千克/立方米提高到1.98千克/立方米，产值提高26%。课题成果推广应用24.4万亩，节水4 976.5万立方米，粮食增产4 572.9万千克，取得了明显的经济、社会和生态效益。取得了一批标志性成果，顺利通过了科技部的验收。

河北粮食丰产科技工程　河北农业大学、河北省农林科学院、河北省农业技术推广总站、石家庄市农业科学研究院等20多家单位参加，有300多人的研究团队，具有高级职称的人员达到120多名。结合河北特色，对成熟的单项技术进行组装集成和示范，取得了明显效果。一是综合采用设施节水、农艺节水等节水技术，使节水高产取得很大成效，比传统栽培方式节约灌水1~2次，每亩节水50~100立方米。二是采用节本增效技术，采用"一药多效、一喷综防"等病虫害防治技术，减少了农药投入。不但实现了小麦生产的产量和效益同步增长，而且减少资源消耗，保护生态环境。三是坚持高产与优质并重，示范区优质小麦品种面积比往年有较大幅度的提高，为实现"粮食丰产科技工程"丰产高效、丰产富民的目标打下了良好基础。四是运用多种形式，广泛开展了不同层次的技术培训。先后共举办基层农业技术人员、农民骨干培训班553期，5万多人次接受培训，印发各类技术宣传资料近20万份。辛集市通过"三个一"培训，即市办一所培训学校、乡办一个培训班、村办一个培训点，形成了自己的粮食科技培训网。藁城核心区的"专家工作站"，曲周的"农村科教联盟"等办得也很有特色。2005年5月26—31日，对河北省承担国家粮食丰产科技工程的藁城、正定、辛集、赵县、深州、景县、宁晋、大名、曲周、玉田10个示范区县小麦田间生长情况联查并进行测产，结果显示，有10块超高产攻关田亩产超过600千克，与课题开始前3年的平均产量相比，每亩增产量为89.7~263.5千克，增产幅度为14.5%~81.1%。1万亩核心试验区单产均在500千克以上，总增产达100万千克；示范区100万亩小麦的总增产量达到5 400万千克。2005年9月21日，石家庄市召开了"国家粮食丰产科技工程"2005年秋季调度会。项目区8个示范区、10个示范县（市）科技局、农业局负责人、课题管理办公室和课题组主要成员，共计100余人参加了会议。

六、2006年

2006年，河北省组织实施了全省"一县一业一园"农业科技示范工程，先后制定实施方案、管理办法、示范园建设标准等系列文件。对42个省级示范县和示范园建设方案进行了审核批复。科技示范园区核心区面积12.9万亩，示范区面积达89.6万亩。推广先进实用技术249项，推广面积250万亩，引进开发新产品347个，农产品知名品牌达到105个。

河北粮食丰产科技工程 河北农业大学、河北省农林科学院、河北省农业技术推广总站等单位在正定示范区通过选用优良品种（石麦12号）、改变小麦种植模式（将传统的二八寸或三七寸大小行种植形式调整为四五寸等行距窄行密植）、提高小麦播种质量（提高耕整地质量，保苗齐、苗匀、苗壮）、改善小麦施肥方法（增钾补锌调整施肥数量和比例、改浇冻水时施用腊肥为春季浇灌第一水时追肥）、采用"减次保灌"节水灌溉技术（将传统的春季小麦浇起身水、孕穗水、抽穗开花水、灌浆水四水减为浇起身拔节水和抽穗开花水二水）、实行病虫杂草全程防治技术（突出春草秋治、病虫预防为主和小麦生育后期"一喷综防"技术）等多项技术的集成，形成了一套科学完善的小麦节水高产栽培管理技术模式。6月11—13日，河北粮食丰产科技工程对正定县示范区南牛乡牛家庄村17亩小麦节水高产攻关田进行实打实收。在使用联合收割机收获，扣除水分、杂质，不计机械损耗，折纯折标后，全生育期只浇三水（冬前浇1次冻水、春季浇二水）实收平均亩产 640.14 千克，继 2005 年藁城、辛集两个项目区打破河北省保持 8 年的小麦单产历史纪录后，在严重干旱的气候条件下，再创全省小麦单产的新纪录。

七、2007 年

2007 年，河北省制定下发了《河北省社会主义新农村建设科技示范（试点）实施方案》。在此基础上，省科技厅与各市一起进行了认真筛选，确定全省"十一五"期间重点引导建设 100 个示范村（试点）、30 个示范乡镇（试点）、10 个示范县（试点）。组织 1 239 名技术人员到村开展服务，推广新品种 202 个，推广新技术 167 项，培训农民 13.5 万人，培训农民技术骨干 7 338 人，建设服务组织或培训场所 103 个，推广沼气池 7 745 个，建信息网络终端 17 个。"一县一业一园"现代农业科技示范工程的 41 个省级示范县共实施科技研究、开发和示范项目达 184 个，科技示范园核心区面积达到 18.7 万亩，示范区面积达到 107.4 万亩，辐射区达到 696.5 万亩；示范、推广新技术 283 项，引进、推广新品种（系）289 个，引进、开发新产品 268 个，培育知名品牌 96 个。建立完善专业协会 378 个，培育壮大科技中介服务组织 444 个，发展科技进村服务站 1 405 个，培训农民 160.6 万人（次）。

河北粮食丰产科技示范工程 聚焦在农业节水增效等重大技术攻关，突破了一批小麦、玉米均衡增产的关键技术，并分别在太行山山前平原、黑龙港低平原和冀东平原建设了一批小麦、玉米生产研发基地，建核心区小麦 1 万亩、夏玉米 5 000 亩。2007 年 6 月，赵县核心示范区 6.89 亩小麦平均亩产达到 646.7 千克，连续 3 年刷新全省小麦单产纪录。项目的实施显著提高了河北省粮食综合生产能力。项目区

3年累计增产粮食281.4万吨，增加经济效益47.9亿元。

八、2008 年

2008年，河北省第二批"一县一业一园"现代农业科技示范工程新增省级示范县19个，无极、赵县、永年、涉县、沙河、邢台、徐水、定州、唐海、青龙、霸州、大城、东光、肃宁、饶阳、桃城区、隆化、宽城、怀安19个县经省政府批准列为省级示范县，总数达到了60个。有5个示范县达标，并以省政府名义授予现代农业科技示范园牌匾，挂牌总数达到40个。省内外科研院所和农业院校的321名专家教授参与工程实施，引进、开发新产品237个，培育提升知名农产品品牌111个，推广新技术306项，围绕优势产业建设科技示范园306万亩，辐射面积达800万亩，建立完善专业技术协会422个，培训农民189万人（次）。通过工程实施，产业体系和科技服务体系进一步完善，促进了产业增效和农民增收。全省建设新农村建设科技示范试点村193个、乡镇42个、县10个，形成了县、乡、村三级示范的格局。有34个科研院所和10个农业院校与示范（试点）建立了科技合作关系，1 687名技术人员到示范（试点）开展了各项服务，促进了科技进村入户。

河北粮食丰产科技示范工程 在河北省12个粮食生产大县，组织开展了以"增产、节水、节肥"为核心的关键共性技术开发，研究建立了"控氮、减磷、增钾、补微"等7项支撑全省粮食丰产的配套技术体系，夏玉米单产达到766.96千克/亩，创历史新高。省市县三级联动，建立粮食丰产技术核心示范基地100多万亩，新技术辐射推广面积1 100万亩。5年（2004—2008）小麦玉米推广面积累计达到7 000多万亩，增产粮食500万吨，节水54.5亿立方米，增效83.9亿元。2008年6月，时任河北省副省长龙庄伟到藁城示范基地视察，对粮食丰产科技工程的实施效果给予了充分肯定；科技部组织专家组对河北省重点示范区进行了现场考察，顺利通过了阶段性验收；越南、菲律宾、阿尔及利亚等31个国家的60名农业科技专家到正定示范基地考察参观，纷纷表示有意向开展合作和交流。

九、2009年

2009年，全省科技系统以推进农村科技服务体系建设，按照软技术与硬技术相结合、技术开发与配套示范相结合、科研院所与示范村相结合的原则，大力实施新农村建设科技示范工程，强化新农村建设科技支撑，逐步开展3个省级示范市、10个示范县、30个示范乡镇、100个示范村建设；集聚一支由河北农业大学、河北农林科学院、河北省社会科学院等50多个省市科研院所和高等院校的技术人才组成的服务新农村科技队伍；推广100项农村先进适用技术；探索一批新农村建设科技示范新模式；建立了科技与新农村建设良好对接的机制。石家庄市被列入首批工程示范市。

河北粮食丰产科技示范工程 加强两节（节水、节肥）、两测（测土、测墒水肥一体化技术）、两免（小麦、玉米免耕播种技术）等7项关键技术的推广应用，集成创新适用于河北省山前平原区、黑龙港地区和冀东平原区的3个不同类型的小麦—玉米两熟高产高效技术体系，为全省粮食安全提供有力的技术支撑。高产攻关田产量继续取得新突破，核心试验区3.15亩小麦平均亩产达到657.37千克，再创河北省小麦最高产量纪录。"三区"（核心区、示范区、辐射区）增产增收效果明显，项目核心区10 000亩小麦平均亩产583.7千克，产量增幅为12.6%，示范区和辐射区产量增幅分别达到15.5%

和12.9%；核心区5 000亩玉米平均亩产675.4千克，增幅11.5%，示范区和辐射区玉米产量增幅分别为19.6%和20.3%。全省项目区小麦实际执行面积1 517.4万亩、玉米776.9万亩，增产粮食134.5万吨，增加经济效益21.6亿元。全省粮食综合生产能力进一步提高。

农业水资源利用研究 全省科研单位和高校开展多领域、多学科、多单位交叉合作，重点开展农业节水高产技术、农业面源污染综合防控技术等技术创新研究与示范，初步构建了不同区域抗旱节水示范和应用模式。在华北平原区不同区域建立20个小麦、玉米、蔬菜、果品、咸水试验示范基地，集成研发一批技术和8套节水技术体系，获9项授权专利、11项新产品和多种节水装置。山前平原高产类型区实现示范区小麦—玉米年产量1 100~1 200千克/亩，水分利用效率达1.8~2.0千克/立方米；低平原小麦玉米中低产区实现了小麦—玉米年产量900~1 100千克/亩和水分利用效率1.6~1.7千克/立方米，经济效益、社会效益和生态效益显著。

十、2010年

2010年，三河园区被批准为国家农业科技园区。河北省科技厅拟订了全省农业科技园区建设管理办法，提出建设目标、建设原则，规范省级园区认定和管理程序，加强农业科技园区试点建设，启动建设一批省级农业科技园区（含试点）21个，其中国家级园区1个、省级园区6个、新增省级农业科技建设（试点）14个。

新农村建设科技示范村 河北省科技厅以"富民惠民"为核心，依托科研院所、大专院校科技力量，加强作物秸秆气化、养殖业废弃物促腐、星火科技12396信息服务系统等八大技术的研发与应用，建设20个新农村科技示范村。完善50个县级服务指导中心、800个乡村企业服务站。促进了信息服务站协调联动，实现了远程信息服务与现场技物服务相结合、农民与专家的多渠道对接。

2010年河北省省级及以上农业科技园区名单（21个）

省级及以上农业科技园区	省级及以上农业科技园区
三河国家农业科技园区	河北省玉田农业科技园区（试点）
河北省集发农业科技园区	河北省辛集农业科技园区（试点）
河北省昌利农业科技园区	河北省大午农业科技园区（试点）
河北省中捷农业科技园区	河北省三融农业科技园区（试点）
河北省邓庄农业科技园区	河北省智寿源农业科技园区（试点）
河北省藁城农业科技园区	河北省祥湾农业科技园区（试点）
河北省香河农业科技园区	河北省西柏坡农业科技园区（试点）
河北省迁安农业科技园区（试点）	河北省富岗农业科技园区（试点）
河北省沙河农业科技园区（试点）	河北省金土农业科技园区（试点）
河北省滦县农业科技园区（试点）	河北省五道营农业科技园区（试点）
河北省沧县农业科技园区（试点）	

粮食丰产科技示范工程　开展山前平原节水型小麦玉米两熟高产高效技术集成与示范、黑龙港地区小麦玉米两熟节水技术集成与示范、冀东平原资源高效利用型小麦玉米两熟丰产技术集成与示范，黄淮海中北部小麦玉米两熟持续高产、超高产关键技术创新研究，突破制约河北省小麦玉米高效节水3项共性关键技术，研究形成小麦玉米节水超高产栽培技术体系，集成创新了太行山山前平原、黑龙港地区、冀东平原区3个不同生态类型粮食主产区的丰产高效技术模式。藁城60亩超高产田冬小麦平均亩产605.8千克，在同一块地上实现连续6年亩产600千克以上的产量。2006—2010年，课题核心试验区、技术示范区和技术辐射区累计执行小麦面积6 651.8万亩，夏玉米3 669.9万亩，总计1亿亩；累计增产小麦345.5万吨，玉米330.1万吨，总计增产粮食675.6万吨，增加产值93.4亿元；累计增加经济效益109.2亿元。河北粮食丰产科技示范工程全面完成"十一五"

任务，通过科技部组织的验收。

华北灌溉农田减蒸降耗增效节水技术集成与示范 以华北地区不同区域、不同作物减蒸—降耗—增效的3个节水关键为重点内容，突出"规模节水"关键技术集成和创新研究，针对粮、棉、果、蔬四类作物开展广泛的生物、农艺、管理节水关键技术的深化研究，布设田间试验228个，获得原始数据30多万个，从宏观战略、微观机理、高科技应用和规模示范与推广应用的多层面开拓性地研究解决关键科技难题，成效显著。自实施以来，完成华北不同类型区抗旱—丰产性品种等级鉴定579个；申请和获得专利45项，研发完成新产品、新工艺或新装置共25项；制定技术标准或规程18个；总结形成了8套技术体系在区域推广应用。建立试验点、示范区和辐射推广区，形成试验—示范—推广相结合的体系，在华北平原区不同区域共建立54个试验示范基地，累计节水14.53亿吨，取得经济效益32亿元。

十一、2011年

2011年，河北省新认定省级农业科技园区（试点）11个，全省省级以上农业园区总数32个，其中，国家级园区1个，省级园区6个，省级试点达到25个。立项支持了15个省级园区，引进国外技术6项，开发新产品10个，培养人才12 184人，取得新技术、新品种51个，增加销售收入1.1亿元，园区对县域特色产业发展的带动作用明显增强。

新农村建设科技示范村 围绕农村生产发展、农民生活质量提高、农业生态和生活环境改善，结合星火科技12396科技服务体系建设和科技特派员创业活动，组织新农村建设科技示范工程，集成研发养殖废弃物制肥等十大技术体系。打造企业拉动、清洁生产、循环经济、规模经营、生态家园、休闲观光6个新农村建设模式。示范推广农村废弃物资源化利用、农业环境改造生态修复、新能源技术推广等100项实用新技术，重点建设迁安徐流口、平山北马冢等100个科技示范村。推动全省传统农业、传统农村、传统农民向现代农业、现代农村、现代农民转变。

2011年河北省农业科技园区（试点）认定名单（11个）

河北省农业科技园区（试点）	河北省农业科技园区（试点）
河北省临城农业科技园区（试点）	河北省鹿泉农业科技园区（试点）
河北省德隆农业科技园区（试点）	河北省国欣农业科技园区（试点）
河北省丰南农业科技园区（试点）	河北省泊头农业科技园区（试点）
河北省曲周农业科技园区（试点）	河北省清河农业科技园区（试点）
河北省恒都美业农业科技园区（试点）	河北农业大学农业高新科技示范（定州）园区（试点）
河北省正定农业科技园区（试点）	

粮食丰产科技示范工程 组织召开"十二五"粮食丰产科技工程工作会议，传达时任科技部部长万钢在"十二五"国家粮食丰产工程启动会上的讲话精神，总结"十一五"河北省粮丰科技工作取得的成效，讨论研究相关重大技术问题，安排部署2011年和"十二五"粮食丰产科技工程的组织管理形式、实施内容与总体目标；以河北省粮食丰产科技信息网为平台，在小麦、玉米生产重要时期及突发性灾害发生后，陆续刊发12期小麦玉米节水抗旱、抗病抗虫、高产优质等方面技术措施。2011年6月16日，河北省科技厅组织邀请中国农业科学院、河北省农业厅等国内同行专家，在栾城县小麦高产创建示范区对高水肥小麦石麦18实打实收3亩，平均亩产量701.9千克；在藁城示范区实打实收藁优2018强筋小麦2.389亩，平均亩产量651.46千克；在栾城县高产创建核心示范区对节水小麦石麦15实打实收2.986亩，平均亩产量673.01千克。3个不同类型的小麦品种亩产量均超过往年。

十二、2012 年

2012 年，河北唐山农业科技园区获科技部批准，成为继三河园区后，河北省的第二个国家级农业科技园区。河北省新认定省级农业科技园区（试点）6 个。全省共有省级以上农业科技园区 37 个，其中国家级园区 2 个（三河国家农业科技园区、唐山国家农业科技园区），省级园区 6 个、省级试点 29 个。核心区共计 13.8 万亩，拥有各类科技人员 622 人，实现总产值 75 亿元，培训农民 7.6 万人次，带动 46 万农民增收。

2012 年河北省农业科技园区（试点）认定名单（6 个）

河北省农业科技园区（试点）	河北省农业科技园区（试点）
河北省大厂现代农业科技示范园区（试点）	河北省安国中药材科技示范园区（试点）
河北省滦南海水养殖加工产业科技示范园区（试点）	河北省保定生态农业科技园区（试点）
河北省栾城农林高科技园区（试点）	河北省塞北奶牛养殖科技示范园区（试点）

新农村建设科技示范村 科技厅围绕强化农村基础设施，改善民生突出问题，组织河北省社会科学院、河北省农林科学院、河北农业大学、河北省林业科学院、河北省农业技术推广站等单位开展生态污染治理、资源循环利用、产业规模经营等关键技术开发和技术集成示范，研发 13 套关键技术体系，推广 300 项先进实用技术，建立企业拉动、清洁生产、循环经济、规模经营、生态家园、休闲观光 6 个新农村建设模式，带动全省 100 个科技示范村。

粮食丰产科技示范工程 2012 年小麦高产攻关田、核心试验区和示范区合计实施面积 73.8 万亩，增产 4.44 万吨，增加经济效益 0.92 亿元；玉米生产藁城核心试验区和曲周示范区的夏玉米百亩高产攻关田平均亩产分别达到 805.49 千克和 810.33 千克，首次实现河北省夏玉米亩产 800 千克的突破。

渤海粮仓重大科技工程 河北省农林科学院联合中国科学院农业遗传资源中心等单位，针对环渤海低平原地区粮食产量低而不稳、淡水资源缺乏、盐碱荒地资源较多等现状，向科技部推荐组织实施渤海粮仓重大科技工程。工程集成示范耐盐种质资源筛选、土壤改良、多水源利用、棉田改粮增产等技术体系，带动提高该区域的粮食生产能力。河北省农林科学院等单位承担的"环渤海河北科技增粮技术集成与示范"等课题，落实资金 2 979 万元。

十三、2013 年

2013 年，邯郸农业科技园区被科技部批准为国家级农业科技园区，国家级农业科技园区总数达到 3 家；河北省新认定固安、昌黎、隆化、怀来、元氏 5 家省级农业科技园区（试点）。全省省级以上农业科技园区总数达到 43 家，其中，国家级园区 3 家（三河、唐山、邯郸），省级园区 6 家，省级试点 34 家。全省农业科技园区核心区规划面积达 18.0 万亩，建成 16.8 万亩，实现总产值 100 多亿元。引进培养科技人员 822 人，示范、推广新技术 343 项，引进、推广新品种（系）350 个，引进、开发新产品 298 个，培育知名品牌 96 个，建立完善专业协会 398 个，培育壮大科技中介服务组织 484 个，发展科技进村服务站 1 505 个，培训农民超 10 万人次，带动 50 多万农民增收。已发展成为河北省现代农业示范基地、农业科技成果转化基地、农村科技创新创业基地、农村人才培养基地和全省农业重要的经济增长点。

2013 年河北省农业科技园区（试点）认定名单（5 个）

河北省农业科技园区（试点）	河北省农业科技园区（试点）
河北固安省级农业科技园区（试点）	河北怀来省级农业科技园区（试点）
河北昌黎省级农业科技园区（试点）	河北元氏省级农业科技园区（试点）
河北隆化省级农业科技园区（试点）	

农村面貌改造提升行动　2013 年 5 月，河北省委省政府出台《关于实施农村面貌改造提升行动的意见》，省科技厅为科技支撑组组长单位，牵头组织省环保厅、省住建厅、省农业厅、省卫生厅等部门，围绕农村面貌改造提升行动重点任务，研究制定了《河北省科技促进农村面貌改造提升的指导意见》《河北省农村面貌改造提升行动科技支撑工作实施方案》。组织河北省科学院、河北省农林科学院、河北农业大学、河北科技大学、中国科学院过程工程研究所、北京工业大学、哈尔滨工业大学等省内外科研机构和高校的相关专家，在农村污水垃圾处理、农村厕所改造、秸秆固化成型、农村炊暖两用炉具等方面，筛选适合河北省农村的新技术和新产品，按照农村需求研制样机和样品，制定相应的技术规程，建立示范样板，形成适合农村的先进适用技术和产品，供全省推广。2013 年 11 月 24 日，在曲周县组织召开了"秸秆压块设备与炉具技术示范现场会"，会议研究和部署了秸秆压块设备与炉具技术示范工作，在全省范围内选择有基础、有代表性的行政村，建设 13 个秸秆压块设备和炉具技术示范点，以此带动全省秸秆压块燃料技术应用。

粮食丰产科技示范工程　以藁城、宁晋、曲周、景县等 12 个示范县和 56 个辐射县为重点，组织开展高产优质、节本增效、防灾减灾和水土资源可持续利用等关键技术的研究，集成示范了"山前平原区节水型小麦玉米两熟高产高效技术""黑龙港地区小麦玉米两熟节水丰产技术""冀东平原区资源高效利用型小麦玉米两熟丰产技术"等一批粮食丰产技术模式。建设百亩攻关田 14 块、核心区 1 万亩、示范区112万亩、辐射区1 500万亩。高产攻关田、核心试验区和技术示范区，共计增产小麦49 032.3吨，增加经济效益9 942.2万元。在玉米生产中，藁城、深州3 500亩核心区产量分别达到705.9千克和702.4千克。吴桥100亩玉米高产攻关田产量达到804.53千克，打破低平原低产区夏玉米高产纪录。

渤海粮仓科技示范工程 为进一步挖掘环渤海地区粮食中低产田生产潜力，打造中低产田改良示范样板，带动提高区域粮食生产能力，保障国家粮食安全，科技部、中国科学院会同河北、山东等省市启动实施了"渤海粮仓"重大科技工程。河北省作为工程的重点实施区域，参加了工程总体规划和设计，获科技部资金3 000万元。根据工程规划，河北省在沧州、衡水、邢台、邯郸等市建立8~10个1 000亩以上的粮食增产核心示范区，在40多个县市示范推广区域粮食增产技术体系，应用面积达1 700万亩。渤海粮仓科技示范工程成立河北项目区建设领导小组，由分管省领导任组长，省政府分管秘书长和省科技厅主要负责人为副组长，科技、农业、财政部门和沧州、衡水、邢台、邯郸等市政府分管科技负责人为领导小组成员，领导小组办公室设在省科技厅。按照渤海粮仓科技示范工程总体要求，结合河北省生态条件和技术突破方向，组织河北省农林科学院、中国科学院农业资源研究中心、沧州市农林科学院等工程建设单位，研究制定《渤海粮仓科技示范工程河北省项目区建设方案》。部署设计了咸水补灌和微灌节水增产（南皮、景县、武强）、旱作雨养节水增产（黄骅）、盐碱地改良植棉（曹妃甸、海兴）、棉田改粮增粮（威县、曲周、南宫）四大示范区和南皮、武强、黄骅、海兴、宁晋、南宫、威县、曲周等9个示范县。在示范区内开展"百千万"示范工程，即百亩试验田、千亩核心示范区、万亩辐射区，形成试验田—核心示范区—辐射区的技术传播模式。

2013年6月4日，时任河北省科技厅厅长贾红星在沧州市主持召开了河北省渤海粮仓科技示范工程推进会。河北省副省长许宁、中国科学院院长白春礼、科技部农村科技司副司长郭志伟等领导出席会议，省财政厅、省农业厅和沧州、衡水、邯郸、邢台等市以及8个核心示范区所在县（市）政府负责人参加会议。参观了中国科学院南皮试验站，实地考察了南皮县"渤海粮仓"高效种植示范基地。会议就关键技术研发、示范区建设、产学研结合等重点工作进行安排部署，为工程的全面启动实施奠定了良好基础。

十四、2014年

2014年，石家庄农业科技园区、定州农业科技园区、沧州南皮渤海粮仓农业科技园区列入国家级园区，河北省国家级农业科技园区数达到6个；河北省新认定省级农业科技园区试点15个，省级农业科技园区数达到61个（省级园区5个，省级试点56）。全省拥有国家级、省级农业科技园总数67个。园区核心区面积达到48万亩，引进各类科技人员822人，年度总产值达到63亿元。

2014年河北省省级农业科技园区（试点）认定名单

河北省农业科技园区（试点）认定15个	河北省农业科技园区（试点）储备试点7个
河北威县省级农业科技园区（试点）	青县齐发精品无公害蔬菜生产科技园区
河北无极畜禽省级农业科技园区（试点）	高寨镇精品肉鸡养殖科技园区
河北平泉食用菌省级农业科技园区（试点）	河北赵县省级农业科技园区
河北邢台酸枣省级农业科技园区（试点）	河北省永生农业循环科技园区
河北安新白洋淀省级农业科技园区（试点）	河北春泽农业科技园区
河北顺平苹果省级农业科技园区（试点）	南皮县渤海粮仓农业科技园区
河北定州苗木花卉省级农业科技园区（试点）	绿港现代农业产业示范园区
河北涿州农业科技园区（中国农业大学）（试点）	
河北迁西板栗省级农业科技园区（试点）	
河北宣化杂粮省级农业科技园区（试点）	

(续表)

河北省农业科技园区（试点）认定15个	河北省农业科技园区（试点）储备试点7个
河北卢龙葡萄酒省级农业科技园区（试点）	
河北谏平生猪省级农业科技园区（试点）	
河北成安棉花省级农业科技园区（试点）	
河北崇礼蔬菜省级农业科技园区（试点）	
河北枣强蔬菜省级农业科技园区（试点）	

粮食丰产科技示范工程 以藁城、玉田、正定、深州等13个示范县和56个辐射县为重点，组织开展高产优质、节本增效、防灾减灾和水土资源可持续利用等粮食丰产技术模式的研究与示范。建设小麦、玉米高产攻关田、核心区、示范区、辐射区共1 605万亩，粮食总产达到830.5万吨、增产147.6万吨。

渤海粮仓科技示范工程 按照渤海粮仓科技示范工程对工程实施的总体要求，河北省科技厅与省财政厅、省农业厅、省水利厅、河北省农林科学院等领导小组成员单位沟通联系，共同研究制定了《河北省渤海粮仓建设2014年推进方案》，加强资源统筹，协同推进工程建设。实行"县域总指挥+科技特派团+新型经营主体"的管理模式，由项目县县领导任总指挥，抽调专业技术干部到项目县挂职科技副县长，县直部门和技术依托单位组成科技特派团，新型经营主体作为项目实施法人实体，确保技术示范任务的落实。组织河北省农林科学院、中国科学院农业资源中心等单位以"节水优先、提高单产、扩大面积"为技术研发方向，开展改土增粮、咸水补灌、棉改增粮、全程机械化等中低产田改良领域的技术创新，集成筛选出节水丰产、粮饲轮作、盐碱地改良等领域的10项主体技术，建设了种业、农机、农技、土肥、植保等5个技术服务体系，重点推进沧州示范市和13个示范县，建设18个百亩试验区、22个千亩示范方、13个万亩示范片，推广应用面积达到6.7万公顷。共增产粮棉9.5亿千克，节水1.09亿立方米。

十五、2015 年

2015 年，河北省科技厅按照《河北省农业科技园区管理办法》（冀科农函〔2011〕16 号）要求，组织开展省级农业科技园区考核评估工作，制定园区考核评估办法，促进园区提质增效。当年全省省级以上农业科技园区总数达到 107 个。大厂、固安、涿州、滦平、丰宁、白洋淀、辛集、威县等 8 家省级农业科技园区被科技部确定为国家级农业科技园区，国家级园区达到 14 个；省级认定 45 个，省级建设试点 48 个。截至 2015 年底，全省农业科技示范园区核心区总面积达到 102 万亩，实现总产值 256 亿元。引进培养科技人员 1 545 人，示范、推广新技术 618 项，引进、推广新品种（系）812 个，引进、开发新产品 510 个，培育知名品牌 146 个，建立完善专业协会 643 个，培育壮大科技中介服务组织 813 个，发展科技进村服务站 1 868 个，培训农民超 25 万人次，带动 114 万农民增收。

粮食丰产科技示范工程 以藁城、玉田、正定等 13 个示范县和 56 个辐射县为重点，组织开展高产优质、节本增效、防灾减灾和水土资源可持续利用等粮食丰产技术模式的研究与示范。2015 年 3 月，组织召开了国家"粮食丰产科技示范工程"重点任务工作会议，对项目区示范县建设情况进行了 2 次联查。完成建设高产攻关田、核心试验区和技术示范区共计 73.6 万亩，辐射区 1 069 万亩，增产 151 万吨，增加经济效益 30.5 亿元。

渤海粮仓科技示范工程 渤海粮仓是保障国家粮食安全的战略性增粮工程，省委、省政府高度重视，纳入 2015 年省政府工作报告和省委一号文件。2015 年在 43 个县全域推进，引进转化了 27 项物化科技成果，集成示范了"棉麦双丰一年两熟"等 8 套成熟技术模式，建立了13个百亩试验田、43个千亩示范方、13个万亩辐射区，辐射面积超过700万亩，初步统计增粮5.1亿千克、节水2.85亿立方米。推动南皮渤海粮仓省级农业科技园区晋升为国家级园区。

十六、2016年

2016年，实施京津冀农业科技园区共建项目22个，支持农业科技园区与京津企业、大专院校、科研单位开展紧密合作，引进技术、人才、资本、产业、项目向园区聚集，怀来、固安、三河等30家省内农业科技园区与京津50家单位建立稳定的技术、经济合作关系。推动邢台威县、保定涿州等省级园区成为国家级园区。

为进一步推动农业科技园区提档升级，根据《河北省农业科技园区管理办法》，2016年启动了河北省农业科技园区考核评估工作。按照《河北省科技厅关于开展农业科技园区考核评估的通知》（冀科农函〔2016〕44号）要求，对2010—2015年认定的107个省级以上农业科技园区进行了考核评估，其中，河北慧聪塔元省级农业科技园区等59个农业科技园区通过考核评估，河北省鹿泉农业科技园区（试点）等47个农业科技园区（试点）通过认定考核。河北省金土农业科技示范园区（试点）没有通过考核评估，取消省级农业科技园区（试点）资格。当年省级以上园区达到106个，其中国家级园区14个、省级园区92个。全省园区核心区面积达到102万亩，实现总产值256亿元。

河北粮食丰产科技示范工程 在藁城、玉田、正定、深泽等13个示范县和56个辐射带动县，示范小麦夏玉米大面积丰产节水节肥集成技术体系26万亩，辐射区1 510万亩，总增粮食15.5亿千克，增加经济效益33.7亿元。

2016年河北省通过考核评估的农业科技园区名单（106个）

区域	农业科技园区
石家庄市（12）	河北石家庄国家农业科技园区 河北赞皇省级农业科技园区 河北灵寿省级农业科技园区 河北行唐省级农业科技园区 河北慧聪塔元省级农业科技园区 河北西柏坡省级农业科技示范园区 河北正定省级农业科技园区 河北鹿泉省级农业科技园区 河北栾城省级农林高科技园区 河北元氏省级农业科技园区 河北无极畜禽省级农业科技园区 河北赵县省级农业科技园区（石家庄市农林科学研究院）
承德市（8）	河北丰宁国家农业科技园区 河北滦平国家农业科技园区 河北宽城省级农业科技园区 河北兴隆省级农业科技园区 河北三融省级农业科技园区 河北隆化省级农业科技园区 河北平泉省级食用菌农业科技园区 河北塞北省级奶牛养殖科技示范园区
张家口市（6）	河北河鹿省级农业科技园区 河北赤城省级农业科技园区 河北张北省级农业科技园区 河北怀来省级农业科技园区 河北崇礼蔬菜省级农业科技园区 河北宣化杂粮省级农业科技园区
秦皇岛市（3）	河北省集发农业科技园区 河北昌黎省级农业科技园区 河北卢龙葡萄酒省级农业科技园区
唐山市（9）	河北唐山国家农业科技园区 河北海港省级农业科技园区 河北遵化省级农业科技园区 河北滦县农业科技园区 河北迁安农业科技园区 河北丰南农业科技园区 河北滦南海水养殖加工产业科技示范园区 河北迁西板栗省级农业科技园区 河北曹妃甸绿港省级农业科技园区
廊坊市（10）	三河国家农业科技园区 河北大厂国家农业科技园区 河北固安国家农业科技园区 河北安次省级农业科技园区 河北大城省级农业科技园区 河北广阳省级农业科技园区 河北省香河农业科技园区

(续表)

区域	农业科技园区
保定市（11）	河北省恒都美业农业科技园区 河北永清美盛省级农业科技园区 河北永清新苑阳光省级农业科技园区 河北涿州国家农业科技园区 河北白洋淀国家农业科技园区 河北保定昌利农业科技园区 河北高阳省级农业科技园区 河北唐县省级农业科技园区 河北易县省级农业科技园区 河北涞水省级农业科技园区 河北大午农业科技园区 河北安国中药材科技示范园区 河北保定生态农业科技园区 河北顺平苹果省级农业科技园区
沧州市（14）	河北沧州渤海粮仓国家农业科技园区 河北中捷农业科技园区 河北吴桥省级农业科技园区 河北献县省级农业科技园区 河北盐山省级农业科技园区 河北海兴省级农业科技园区 河北东光省级农业科技园区 河北南大港省级农业科技园区 河北黄桦省级农业科技园区 河北沧县农业科技园区 河北泊头农业科技园区 河北国欣农业科技园区 河北青县蔬菜省级农业科技园区 河北孟村回族自治县肉鸡省级农业科技园区
衡水市（6）	河北邓庄省级农业科技园区 河北景州省级农业科技园区 河北祥湾省级农业科技园区 河北德隆省级农业科技园区 河北枣强蔬菜省级农业科技园区 河北冀州循环农业省级农业科技园区
邢台市（12）	河北威县国家农业科技园区 河北柏乡省级农业科技园区 河北南宫省级农业科技园区 河北平乡省级农业科技园区 河北任县省级农业科技园区 河北巨鹿省级农业科技园区 河北宁晋省级农业科技园区 河北富岗省级农业科技园区 河北沙河省级农业科技园区 河北临城省级农业科技园区 河北清河省级农业科技园区 河北邢台酸枣省级农业科技园区

(续表)

区域	农业科技园区
邯郸市（12）	河北省邯郸国家农业科技园区 河北邯郸县省级农业科技园区 河北峰峰矿区省级农业科技园区 河北鸡泽省级农业科技园区 河北磁县省级农业科技园区 河北邱县省级农业科技园区 河北馆陶省级农业科技园区 河北临漳省级农业科技园区 河北魏县省级现代农业科技园区 河北省智寿源农业科技示范园区 河北成安棉花省级农业科技园区 河北涉县葡萄省级农业科技园区
定州市（1）	河北定州国家农业科技园区
辛集市（1）	河北辛集国家农业科技园区
省直（1）	河北省节水农业科技园区
合　计	国家级14个、省级92个（省级园区45个、省级试点47个）

河北渤海粮仓科技示范工程　在邢台为乡召开渤海粮仓科技示范工程重点示范县建设推进会。2016年共建设千亩示范方110个，万亩辐射区95个，示范带动面积1 041万亩，增粮9.95亿千克，节水4.6亿立方米。

十七、2017年

2017年，继续加强省级农业科技园区建设培育，促进提档升级。年内省级以上农业科技园区总数达到130家，其中，国家级园区14个，省级认定园区和省级建设试点116个（其中，年内新认定省级农业科技园区24家）。

河北粮食丰产科技示范工程　面向"十三五"，围绕"节水降耗、地力培育、抗逆减灾、简化高效"四大目标，启动新一轮科技示范工程。形成"一田三区"（超高产攻关田，1万亩高产核心区、100

万亩示范区、1 000万亩辐射区）科技示范工程工作布局。实现年增粮食15.57亿千克，节水10亿立方米，肥料利用效率提高10%，灌水利用效率提高20%。

河北渤海粮仓科技示范工程 依托100人研发团队，组建五大服务体系，研发改土增粮、雨养旱作、微咸水补灌等八大技术模式，获得专利52件，制定技术标准26项。《河北省渤海粮仓科技示范工程行动方案（2014—2017）》得到李振声院士的高度评价。2020年，河北渤海粮仓科技示范工程获河北省科学技术进步奖一等奖。

十八、2018—2019年

2018年，河北省农业科技示范园区总数达到130个。衡水农业科技园区晋升为国家级园区，河北省的国家级农业科技园区达到15个，省级农业科技园区115个（省级农业科技园区69个，省级农业科技园区试点46个）。农业科技示范园区已经成为全省农业科技的集成示范平台、成果转化平台、创新创业平台、科技服务平台和人才培养平台，为全省现代农业发展提供了先进的发展模式。

继续实施河北粮食丰产科技示范工程和河北渤海粮仓科技示范工程。粮食丰产科技示范工程继续针对河北省自然资源禀赋欠缺，耕地生产能力弱、税费利用效率低等问题，在太行山山前平原和海河低平原区，围绕小麦、玉米"节水优质、培肥节肥、抗逆减灾、轻简高效"栽培技术开展了相关研究攻关，构建了均衡丰产增效技术模式，建设了超高产攻关田100亩，新技术示范核心区1万多亩，累计示范57万亩，辐射带动1 073万亩。渤海粮仓科技示范工程完成后续验收和绩效评估等工作。

到2019年，河北省省级及以上农业科技园区141个，其中，国家级园区 15 个，省级农业科技园区 126 个（附 2019 年河北省国家级及省级农业科技园区名单）。

2019 年河北省国家级农业科技园区名单（15 个）

国家级农业科技园区	国家级农业科技园区
河北石家庄国家农业科技园区	河北沧州国家农业科技园区
河北唐山国家农业科技园区	三河国家农业科技园区
河北邯郸国家农业科技园区	河北大厂国家农业科技园区
河北威县国家农业科技园区	河北固安国家农业科技园区
河北白洋淀国家农业科技园区	河北辛集国家农业科技园区
河北涿州国家农业科技园区	河北定州国家农业科技园区
河北丰宁国家农业科技园区	河北衡水国家农业科技园区
河北滦平国家农业科技园区	

2019 年河北省省级农业科技园区名单（126 个）

省级农业科技园区	省级农业科技园区
河北西柏坡省级农业科技示范园区	河北保定生态农业科技园区
河北正定省级农业科技园区	河北顺平苹果省级农业科技园区
河北鹿泉省级农业科技园区	河北高阳省级农业科技园区
河北栾城省级农林高科技园区	河北唐县省级农业科技园区
河北元氏省级农业科技园区	河北易县省级农业科技园区
河北无极畜禽省级农业科技园区	河北涞水省级农业科技园区
河北赵县省级农业科技园区	河北满城省级农业科技园区
河北赞皇省级农业科技园区	河北曲阳省级农业科技园区
河北灵寿省级农业科技园区	河北鑫县省级农业科技园区
河北行唐省级农业科技园区	河北博野省级农业科技园区
河北慧聪塔元省级农业科技园区	河北雄县省级农业科技园区
河北石家庄新华区省级农业科技园区	河北阜平省级农业科技园区
河北新乐省级农业科技园区	河北塞北奶牛养殖科技示范区
河北滦县省级农业科技园区	河北怀来省级农业科技园区
河北迁安省级农业科技园区	河北崇礼蔬菜省级农业科技园区
河北丰南省级农业科技园区	河北宣化杂粮省级农业科技园区
河北滦南海水养殖加工产业省级科技示范区	河北河鹿省级农业科技园区
河北迁西板栗省级农业科技园区	河北赤城省级农业科技园区

(续表)

省级农业科技园区	省级农业科技园区
河北曹妃甸绿港省级农业科技园区	河北张北省级农业科技园区
河北海港省级农业科技园区	河北沽源省级农业科技园区
河北遵化省级农业科技园区	河北康保省级农业科技园区
河北丰润省级农业科技园区	河北怀安省级农业科技园区
河北唐山路北区省级农业科技园区	河北阳原省级农业科技园区
河北乐亭省级农业科技园区	河北张家口万全省级农业科技园区
河北秦皇岛集发农业科技园区	河北承德三融农业科技园区
河北昌黎省级农业科技园区	河北隆化省级农业科技园区
河北卢龙葡萄酒省级农业科技园区	河北平泉食用菌省级农业科技园区
河北秦皇岛海港区省级农业科技园区	河北宽城省级农业科技园区
河北山海关区省级农业科技园区	河北兴隆省级农业科技园区
河北智寿源省级农业科技示范园区	河北围场省级农业科技园区
河北成安棉花省级农业科技园区	河北承德县省级农业科技园区
河北涉县葡萄省级农业科技园区	河北中捷农业科技园区
河北邯郸县省级农业科技园区	河北沧县省级农业科技园区
河北峰峰矿区省级农业科技园区	河北泊头省级农业科技园区
河北鸡泽省级农业科技园区	河北沧州国欣农业科技园区
河北磁县省级农业科技园区	河北青县蔬菜省级农业科技园区
河北邱县省级农业科技园区	河北孟村回族自治县肉鸡省级农业科技园区
河北馆陶省级农业科技园区	河北吴桥省级农业科技园区
河北临漳省级农业科技园区	河北献县省级农业科技园区
河北魏县省级现代农业科技园区	河北盐山省级农业科技园区
河北大名省级农业科技园区	河北海兴省级农业科技园区
河北广平省级农业科技园区	河北东光省级农业科技园区
河北肥乡省级农业科技园区	河北南大港省级农业科技园区
河北邯郸丛台区省级农业科技园区	河北黄骅省级农业科技园区
河北邢台富岗省级农业科技园区	河北任丘省级农业科技园区
河北沙河省级农业科技园区	河北香河农业科技园区
河北临城省级农业科技园区	河北廊坊恒都美业农业科技园区
河北清河省级农业科技园区	河北永清美盛省级农业科技园区
河北邢台酸枣省级农业科技园区	河北永清新苑阳光省级农业科技园区
河北柏乡省级农业科技园区	河北安次省级农业科技园区
河北南宫省级农业科技园区	河北大城省级农业科技园区
河北平乡省级农业科技园区	河北广阳省级农业科技园区

(续表)

省级农业科技园区	省级农业科技园区
河北任县省级农业科技园区	河北文安省级农业科技园区
河北巨鹿省级农业科技园区	河北霸州省级农业科技园区
河北宁晋省级农业科技园区	河北衡水邓庄农业科技园区
河北广宗省级农业科技园区	河北衡水德隆农业科技园区
河北临西省级农业科技园区	河北枣强蔬菜省级农业科技园区
河北南和省级农业科技园区	河北冀州循环农业省级农业科技园区
河北新河省级农业科技园区	河北景州省级农业科技园区
河北隆尧省级农业科技园区	河北武强省级农业科技园区
河北保定昌利农业科技园区	河北武邑省级农业科技园区
河北保定大午农业科技园区	河北安平省级农业科技园区
河北安国中药材省级科技示范园区	河北省节水农业科技园区

第四篇　农业科技试验区的组织管理
——探索与经验

农业科技试验区经过20多年的实践，面向不同的生态—经济类型区，集成农牧业关键技术，组织多学科、综合性的实时、实地研究，探索积累试验区组织管理方法。

一、优化区域布局

河北省农业试验区工作始终围绕河北省农业发展战略中心任务，瞄准重点区域，遵循"攻关技术的关键性、生态—经济条件的代表性"原则，用创新技术成果引领区域农业发展方向。

"六五"期间，以黑龙港地区中低产田改造为重点，设置7个试验区。"七五"期间，围绕中低产田改造与综合治理开发，设置11个试验区。"八五"期间，围绕调整农业生产结构，发展"两高一优"农业为核心研究内容，设置10个试验区。"九五"期间，围绕促进区域农业持续发展为核心研究内容，设置11个试验区。"十五"期间，围绕区域农业优势产业关键技术为核心研究内容，设置6个试验区。

1979—2005 年河北省农业科技综合试验区设置动态一览表

试验区名称	年度区间				
	1979—1985 年	1986—1990 年	1991—1995 年	1996—2000 年	2001—2005 年
曲周试验区	曲周县	曲周县	曲周县	曲周县	曲周县
张北试验区	张北县	张北县	张北县	张北县	张北县
南皮试验区	南皮县	南皮县	南皮县	南皮县	
龙王河试验区	东光县 吴桥县	东光县 吴桥县	吴桥县	吴桥县	
南宫试验区	南宫县	南宫县	南宫县	南宫县	
枣强试验区	枣强县	枣强县			
大城试验区	大城县	大城县			
雄县试验区		雄县	雄县	雄县	
景县试验区		景县	景县	景县	景县
无极试验区		无极县	无极县		
黄骅试验区		黄骅县			
遵化试验区			遵化县	遵化县	遵化县
大名试验区			大名县	大名县	
滦县试验区				滦县	
藁城试验区				藁城县	
鹿泉试验区					鹿泉市
海兴试验区					海兴县
试验区数量（个）	7	11	10	11	6

二、建立"三个体系"

1986 年开始，河北省农业科技试验区管理施行"三个体系"模式。

1. 领导体系

由市县主管农业的领导、科技局主管领导、项目承担单位主管领导与项目主持人等人员组成，市县主管农业的领导任组长。确定试验区科技攻关方向，协调项目承担单位与地方政府的关系，落实试验区研究所需的基本工作条件，提出试验区科技成果的示范推广方案。这一组织形式实施，使政府行为、科技行为和县市经济行为有机结合，形成有效的科技联动格局。

2. 技术体系

由参加单位的各方面技术专家和市县乡科技人员组成。组长由项目总负责人担任，制定总体规划、科技计划、实施方案，把任务落实到具体人员，明确技术经济指标和进度要求，使参加人员都了解项目的意义、目的、要求和各自的任务职责。试验区技术研究、示范、推广工作实行统一计划、分工负责、各有侧重。中心区的研究任务由大专院校、科研单位负责完成；示范区的示范任务由承担研究任务专家和县乡科技人员共同完成；辐射区的推广任务由试验区所在市（地）政府和科技管理部门，通过组织现场考察、短期培训、试验区科技人员现场指导带动区域农业的发展。

3. 后勤体系

由当地县科技局和承担单位共同承担，负责生活和科研基地建设，上呈下达，保证后勤供应，为科技人员创造良好的工作环境和生活条件。

三、建立法人制度

试验区项目由多单位共同参加，有多个拨款渠道。河北省科技厅明确要求各试验区在所在县建立独立账户，专款专用，发挥经费的最大效用，将省拨科研经费以及地方配套的示范和技术成果推广资金统一转入试验区账户，财务、会计由第一主持单位负责。试验区独立账户的实施，避免经费的截留与分散使用，提高科研经费的产出效益。

四、制定试验区规章

针对试验区项目多专业学科、多部门单位、多技术层次的特点，试验区组织管理程序在省科技计划管理办法基础上进行补充，形成项目申报、可行性论证、试验区设立或招标、签订合同、落实组织、中期联（检）查或评估、成果鉴定或验收、成果登记和档案归档8个管理环节。将可行性论证作为试验区选建的核心，重点审查试验区农业生产条件、技术经济水平、区位环境资源的区域优势和特色；科研项目的实用性、集成度和先进性；当地政府的积极性和资金配套能力；科技人员的工作、生活、交通条件；承担单位是否有省级以上科研单位或大专院校参加；项目主持人有无高级技术职称和组织能力；中心试验区、示范区和辐射区3个功能区的配置。1998年，制定《河北省区域农业持续发展试验示范区暂行管理办法》。2001年，河北省科技厅制定了《河北省农业科技园区管理办法（试行）》，农业科技园区按照"农业科技试验区、农业科技示范区、农业高新技术园区"3个层次，采取"宏观指导、项目启动、择优支持、滚动发展"的管理模式，实行"政府引导、企业运作、科技支撑、中介参与、农民受益"的组织机制。2004年，根据国家清理科技园区的有关文件精神，对全省农业科技园区进行整顿清理，暂停对农业科技园区进行认定。2006年，组织实施了全省"一县一业一园"农业科技示范工程，先后制定实施方案、管理办法、示范园区建设标准等系列文件。2010年，河北省科技厅拟订了全省农业科技园区建设管理办法，提出建设目标、建设原则，规范省级园区认定和管理程序。

第五篇　成功坚守并发展壮大的试验区、实（试）验站

一、曲周实验站

1973 年，石元春、辛德惠等老一辈科学家来到曲周改土治碱。经过几十年的努力，将以曲周县为中心的盐碱滩变为"米粮川"，并辐射到整个黄淮海平原，一举扭转了中国南粮北运的历史。40 多年来，从曲周这片土地上先后走出石元春、辛德惠、张福锁 3 位院士，2 位校长，50 多位教授和 200 多名博士生、硕士生；为当地培养 5 000 多名农业技术人才。以曲周实验站为主的黄淮海课题获得国家科学技术进步奖特等奖，是和"两弹一星"相提并论的科研成果。

2004 年，张福锁接受石元春院士的建议，来到中国农业大学曲周实验站，开始粮食高产高效的研究推广。2009 年 5 月，"中国农业大学、河北省曲周县万亩小麦玉米高产高效示范基地"在曲周县白寨乡揭牌。张福锁团队牵头的中国农业大学师生在白寨村建起全国第一个"科技小院"，他们在农业生产一线和农民同吃同住同劳动，基于小农户的需求开展系统研究创新，为农业生产一线提供系统解决方

案。2009—2015年的7年间，曲周当地小麦、玉米产量分别提高了28.2%和41.5%，而化肥用量增长很少，实现区域绿色增产增效目标，曲周每年因此增收2亿元以上。

随后，张福锁团队联合全国各科研院所、涉农企业，在地方政府支持下推广"曲周模式"，在20多地建立了80多个"科技小院"。2016年9月，研究论文《科技小院让中国农民实现增产增效》在世界顶级学术期刊《Nature》发表，这是张福锁研究团队立足国家需求、在农业生产一线开展国际前沿研究、同时解决问题的又一重大成果。张福锁说："十几年来，我们在曲周励精图治，许多重大科研成果都从曲周起步。我就是从曲周'科技小院'走出来的院士。"

"科技小院"模式成为联合国粮农组织（FAO）农业技术创新与应用的典型案例，《FAO出版政策建议与创新家庭农场专题研究案例专辑》将中国农业大学自2009年以来创新实践的农业专业学位人才培养的"科技小院"模式，树立为在农业生产一线开展科学创新和技术服务的典型案例，向全球192个国家和地区的农业部门发布。这是继2016年9月、2018年3月包含"科技小院"主题内容的科技和教育成果分别在《Nature》发表、进入FAO典型案例向全球各国农业部长发布之后，我国农科应用型复合型专业学位人才培养案例在全球农科教大家庭中获得的又一盛誉。

曲周实验站建站44年来，已经成为一个开放的多学科科学研究基地。开展了长期定位实验并积累了丰富的研究数据，获得了一大批在国内外产生巨大影响的科研成果，获省部级以上奖励18项。

曲周实验站成果获奖一览表（18项）

时间	成果名称	奖项
1978年	利用浅井—浅沟体系综合治理旱涝碱咸	全国科学大会奖
1978年	利用浅井—浅沟体系综合治理旱涝碱咸	河北省科学技术成果奖
1978年	曲周旱涝碱综合治理的研究	河北省科学技术奖一等奖

(续表)

时间	成果名称	奖项
1980年	黄淮海平原旱涝综合治理的研究	农业部科学技术改进奖一等奖
1985年	区域水盐运动和旱涝盐碱监测预报技术	"六五"国家科学技术表彰奖
1987年	盐渍土的水盐运动	国家教委科学技术进步奖一等奖
1991年	浅层咸水型盐渍化地区综合防治配套技术和效益研究	农业部科学技术进步奖二等奖
1992年	黄淮海平原中低产地区综合治理开发	农业部科学技术进步奖特等奖
1992年	区域水盐运动监测预报	国家教委科学技术进步奖一等奖
1992年	浅层咸水型盐渍化地区综合防治配套技术研究	国家科学技术进步奖三等奖
1993年	黄淮海平原中低产地区综合治理开发	国家科学技术进步奖特等奖
1994年	盐渍化改造区农牧结合形式规模与效益研究	河北省科学技术进步奖三等奖
1996年	盐渍化改造区农业高效持续发展优化决策和综合技术	农业部科学技术进步奖二等奖
1999年	节水农业应用基础的研究成果	农业部科学技术进步奖二等奖
1999年	冀南绿色产业基地建设及配套技术研究	农业部科学技术进步奖二等奖
2001年	黑龙港上游农业高效持续发展研究	中国高校科学技术奖二等奖
2003年	黄淮海平原持续高效农业综合技术研究与示范	国家科学技术进步奖二等奖
2006年	冀南绿色产业基地建设及配套技术研究	教育部科学技术进步奖二等奖

曲周实验站成功创造了现代农业科技示范的一个新模式，有效地解决了科技人员跟农民脱节、科研跟生产需求脱节和人才培养跟社会需求脱节等问题，对现阶段农业创新体系建设、现代农业技术转化和农业推广服务具有很大的启示和借鉴意义。

二、南皮试验站

南皮试验站位于河北沧州市南皮县双庙村，地处暖温带半湿润季风气候，年降水量520毫米。土壤以潮土、盐渍化潮土为主，淡水资源匮乏，浅层地下水多为咸水。南皮试验站代表环渤海缺水盐渍区中低产田农业生态类型。南皮生态农业试验站始建于1982年，主要开展了盐碱地改良利用与中低产田粮食增产、水资源高效利用与咸水灌溉、抗逆植物品种选育与高产优质农产品生产等创新理论和技术研究及农业高新技术相关示范工作。

1. 试验站发展

1982年，石家庄农业现代化研究所的科技人员进驻南皮，建设农业现代化试点县。

1983年，开始承担中国科学院和国家"黄淮海平原中低产田治理"任务。

1986年，在中国科学院、沧州地区行署、南皮县政府支持下，筹备建站。

1987年6月1日，中国科学院行文正式建立南皮试验站。

2012年，新站启动使用，建立院士工作站。

2013年，加入中国科学院农田生态站联盟。

2019年，加入国家农业环境监测站。

2. 科研方向发展

30多年来，面向近滨海缺水盐渍区现代农业发展和生态环境改善需求，不断调整研究方向，逐步凝练到以盐渍资源（盐渍土、咸水、耐盐植物）高效利用为核心的农田生态过程机制、调控技术和管理模式研究与示范。

1982年开始，开展旱涝盐碱地治理，成为河北省农林科学院首批投入黄淮海平原科技攻关的主力军之一。

1988年，黄淮海平原农业综合开发阶段，为国家农业科技开发和农业规模化经营提供了经验和样板。

1991—2000年，开展资源高效利用、农业可持续发展研究，推动了粮棉果牧发展。

2003年，开辟滨海盐碱地战场，深化盐碱地利用改良的关键技术体系研究。

2013年，开展渤海粮仓科技示范工程，推动环渤海区中低产田治理和农业高质量发展。

3. 科研创新成就

30多年来，南皮试验站几代科技人员艰苦创业，在我国中低产田改造与农业生态环境改善研究上，书写了浓墨重彩的一笔。创新农田水肥盐调控理论、发展了咸水安全灌溉节水农业体系，为促进区域农业水资源高效利用做出了重要贡献；构建了以浅层地下水调控为核心的盐碱地改良体系，发明了咸水结冰灌溉改良盐碱地技术，为盐碱地改良和地力提升做出了重要贡献；阐明了耐盐碱植物对盐分的响应机制，筛选出系列抗逆植物新品种，为我国粮食安全做出重要贡献。取得科研成果20余项（包括国家科学技术进步奖特等奖、二等奖，河北省科学技术进步奖一等奖、二等奖等），审定品种7个，授权发明专利15项，发表论文500余篇，出版专著9部。

20世纪80年代，中低产田综合治理采取了抗旱—除盐—培肥—引种等技术，逐步改善生产条件，建立与之相适应的农业种植结构，逐步提升抵御自然灾害能力，粮食单产、总产和农民收入倍增，为国家缓解人粮矛盾做出了贡献。"国家黄淮海平原中低产地区综合治理的研究与开发"获国家科学技术进步奖特等奖（1993）。

90年代，高效可持续农业发展模式集成组装了以农业节水为核心的种植业、畜牧业和林果业的关键技术，研究资源合理利用的宏观调控与生态因子对生产力影响的联动机制，形成了农林果草多元结构的生态系统。"黄淮海平原持续高效农业综合技术研究与开发"获国家科学技术进步奖二等奖（2003）。

2000年以来，由研发关键技术体系向原始科学创新为主转变，明确了盐渍土成因与演替规律，发明了咸水结冰灌溉改良盐碱地技术，筛选出一批耐盐植物，构建了适应性栽培与原土绿化技术体系，为滨海盐碱地改良利用和绿化提供了支撑。"河北平原盐渍化类型区农业优势产业发展关键技术研究"获河北省科学技术进步奖二等奖

(2008),"滨海平原盐碱区适生种植技术集成研究与示范"获河北省科学技术进步奖一等奖(2015)。

2013—2018年,渤海粮仓科技示范工程构建了中低产田治理新模式,形成了示范推广新机制,培育了农业发展新业态,示范引领成效显著。2013—2017年,累计95县市8 016.7万亩粮食增产209.5亿斤,增效186.5亿元,节水43.5亿立方米。2020年获河北省科学技术进步奖一等奖。

30多年来,南皮试验站"瞄准需求、发挥特色、持之以恒、奋力拼搏",始终抓紧监测、研究、示范和服务三大任务,突出人才、平台、开放、示范四大核心环节,脚踏实地、求实创新,努力将南皮试验站建设成为具有国际水平的长久性农田生态系统观测与研究基地、具有区域特色的农业高新技术研发基地、高度开放的国内外合作交流平台和人才培养平台,是与国内诸多科研院校开展合作研究的基地,并先后与日本、美国、德国、澳大利亚、斯洛伐克、巴基斯坦等20多个国家的30多个科研机构开展了合作与交流。

三、吴桥实验站

吴桥农业科技试验区是从黑龙港攻关龙王河试验区演化发展而来的,有姚庄和曹洼两个实验站。吴桥(姚庄)实验站是"六五"期间国家科委批准建立的12个国家黄淮海平原农业科技攻关实验站之一,建于1983年;吴桥(曹洼)实验站建于2006年。吴桥实验站始终坚持"农科教"结合,围绕制约当地农业发展的关键因素进行创新研究,为国家粮食安全、资源高效利用、农村经济发展、人才培养、科技知识与成果转化传播、现代化农村建设做出了积极的贡献。经过30多年的发展,走出王树安、兰林旺等一批著名科学家,创造了"吨粮田""节水麦"等多项突破新性技术成果,形成了旱碱地节水农业的"吴桥发展模式",成为全国乃至世界知名的实验站。实验站自成立以来共取得各项科技奖励40多项,其中国家科学技术进步奖8项,省部级科技进步奖32项。实验站已经成为重要的教学和人才培养基地,为国家和地方培养了一大批高级专业技术骨干。

1983年,北京农业大学王树安等一批专家教授来到黑龙港低平原龙王河试验区,在吴桥的姚庄和东光的曲庄建立黑龙港中低产田改造农业攻关实验站,开始搞盐碱地治理和中低产田改造。经过几代试验区人30多年的努力,吴桥旱涝瘠薄的不毛之地,一步步从低产到中产,从中产到高产。1990年试验区调整,取消东光曲庄实验站。龙王河试验区改成"吴桥试验区"。到"十五"期间(2001—2005)(河北省)试验区又压缩,吴桥试验区也没了。2000年吴桥试验区变成"中国农业大学吴桥实验站"。

吴桥实验站由沧州市科技局、吴桥县政府和中国农业大学共同管理运行。中国农业大学派出首席专家担任站长,吴桥地方专家担当事业法人。市县两级畜牧、水利、水产、林业、农业几个部门技术人员都参与攻关,配合中国农业大学专家落实科研项目,搞调查、搞培训、搞试验等,地方技术员与院校老师亲密结合,把大学知识理论变成农民容易接受的地方语言进行培训,农民很容易接受;地方技术员成了半个农大人;农业大学的专家教授成了半个吴桥人。通过合作科研项目,获得了一批成果,培养了一批人才,地方也成长起来一批有突出贡献专家。吴桥实验站每年培养100多名本科生,30~50名研究生(硕士生2/3,博士生1/3)到实验站做试验,一来就坚持四五年(硕博连读),每年毕业研究生10~15人。到吴桥试验区参加科研的教师20多位,每位老师都有自己的课题、自己的项目,带着一批学生来,可以说轰轰烈烈、硕果累累。王树安、兰林旺等专家教授在吴桥试验区先后创造出吨粮田、节水吨粮田、节水节肥简化高效四统一的吨粮田和亩产 1 500 千克（吨半）的超高产吨粮田。王树安被誉为中国"吨粮田之父"。田纪云副总理、何康部长等领导先后到试验区视察吴桥吨粮田。

"七五"期间，吴桥试验区研究创造了"吨粮田"冬小麦夏玉米上下两茬亩产 1 000 千克，示范带动山东，山东出了个吨粮县。1990年，"冬小麦夏玉米上下两茬亩产吨粮的栽培技术"获得国家科学技术进步奖二等奖，农业部一等奖。

"九五"期间，研究出节水小麦 3 个模式：不浇水 700~800 斤（400 千克），浇一水 800~900 斤（450 千克），浇两水 900~1 000 斤（500 千克），被称为"河北节水模式"，1998 年获河北省科学技术进步奖一等奖，1999 年获国家科学技术进步奖三等奖。2000 年，"冬小麦节水高产高效栽培技术体系研究"获河北省科学技术进步省长特别奖。

"十一五"期间，研究出小麦节水、省肥、高产、简化四统一小麦栽培技术，简称四统一技术。2011 年获得神农中华农业科技奖（农业部）一等奖。2012—2019 年被列为农业部全国重点推广技术（全国粮食作物方面主推技术仅有的两项之一）。

到"十二五""十三五"期间，吴桥实验站再接再厉，在吨粮田、节水吨粮田、节水节肥吨粮田的基础上继续取得研究突破，搞出了河北省贮墒旱作小麦节水技术标准，创造了节水省肥的"吨半粮"超高产栽培技术。经过几十年试验区工作，吴桥县主要粮食产量大幅度提高。2018 年全县小麦平均亩产 480 千克，单产水平排位晋升到全省第四位。地处黑龙港干旱盐碱中低产典型区的吴桥县治理后，在节水条件下实现与高产区的藁城、赵县、辛集并驾齐驱。农业科技试验区技术成果在这里发挥了非常重要的作用。

四、张北试验区

张北试验区坐落在张北县小二台镇，1986年，张家口农业专科学校徐长金教授先行进入小二台。1991年，河北农业大学李仁刚、杨福存、张立峰等专家团队也来到小二台，一起开始坝上高寒半干旱区的农牧业持续发展研究攻关。根据冀西北坝上气候冷凉区域特点，开辟错季蔬菜种植技术。1995—2000年，坝上4个县的错季蔬菜种植面积达70万亩，70%蔬菜销往南方，产值突破15亿元，成为坝上群众增收的主导产业，为改善坝上地区农业面貌、提高农民生活质量做出巨大贡献。

1981—1990年，张北试验区研究示范建立坝上农牧结合、农林牧综合发展技术体系，试验区人均纯收入达575.5元，比"六五"时期的180元提高219%。1991年，获河北省科学技术进步奖二等奖。

1991—1995年，张北试验区建立了高寒半干旱低投入区农牧业综合发展技术体系，中心示范区人均占有粮食达到482.9千克，人均收入达930.5元。1996年获河北省科学技术进步奖一等奖，1997年获国家科学技术进步奖三等奖。

1996—2000年，张北试验区提出以发展喜凉性错季蔬菜为核心，"经济作物突破、草畜跟进发展"，建立了以错季蔬菜为主的高效生产结构技术体系。中心示范区人均纯收入达2 683元，比1995年增长150%。2002年，"高寒半干旱区农牧综合治理与适度开发技术体系"获河北省科学技术进步省长特别奖。

2001—2010年，张北围绕冀西北农牧交错区水土资源综合利用与保护技术体系研究先后有3项技术获得成果奖励。2004年，"高寒区错季蔬菜产业化生产关键技术"获河北省科学技术进步奖二等奖；

2006年,"冀西北农牧交错区水土资源综合利用与保护技术体系"获河北省科学技术进步奖三等奖;2010年,"坝上半干旱区无害型蔬菜结构和集雨节水技术体系"获河北省山区创业二等奖。

2011—2018年,围绕"冀西北坝上地区降水资源化与草畜高效生产技术研究"实现生态—经济兼顾发展,先后有3项技术获奖。2011年,"冀西北坝上地区农田降水资源化与水土保育技术体系"获河北省科学技术进步奖三等奖;2013年,"冀西北地区园林与药用植物品种引选及关键栽培技术"获河北省山区创业二等奖;2017年,"长城沿线半干旱区抗旱播种艺机一体化技术研究与应用"获山西省科学技术进步奖一等奖。

附件 关于持续加强农业科技试验区工作的建议

郝企信　于学芝　贾　妍　牛细婷　马红燕　张建斌

河北省曾在农业农村发展的不同阶段建立过不同类型的农业科技试验区,为依靠科技改造农业农村做出突出贡献。早在20世纪20年代,著名平民教育家晏阳初为解决当时中国农村"愚、穷、弱、私"等顽疾,在河北定州创立了"定州试验区",为中国农村改造和世界乡村建设做出了杰出贡献。

中华人民共和国成立后,农村科技工作得到前所未有的重视和加强,河北省农业科技试验区工作一度走在全国前列。"六五""七五"时期,黄淮海低平原中低产田改造试验区获国家科学技术进步奖特等奖,黑龙港攻关试验区获河北省科学技术进步奖特等奖。曲周实验站、南皮试验站、吴桥实验站走出石元春、辛德惠、张福锁几位院士和王树安、王世魁等一批在国内外有重大影响的杰出科技人物。"太行山开发"试验区走出享誉国内外的"太行山道路"。试验区带动了当地农村经济大发展、文化大提升、农民生活跨小康。目前,河北省正处于全面建成小康社会迈向乡村振兴战略实施的新阶段,持续加强农业科技试验区工作具有新的更重要的意义。

一、河北省农业科技试验区发展现状

"七五"时期,国家启动"黄淮海低平原中低产田改造和农业区域治理"计划,河北省组织实施了"黑龙港中低产区攻关"项目,并先后在曲周、南皮、吴桥、南宫、张北等18个县市区设立17个农业综合试验区。参与试验区工作的国家级、省级科研单位、大专院校、推广部门上百家,科技人员逾万人。农业科技试验区成了面向农村一线的开放实验室,推动了作物栽培学、耕作学等实用技术推广和学科发展,培养了一大批农业专家和一代农村科技人才;组装推广了上百项农作物新品种和实用新技术,取得了盐碱地综合治理、中低产田改造和节水吨粮田等一批突破性的新技术,获得国家科学技术进步奖特等奖、河北省科学技术进步奖特等奖等重要科技奖励上百项;涌现出石元春、辛德惠、张福锁3位院士和王树安、田魁祥、王世魁、宁守铭、李晋生、张立峰等知名科学家;为粮食增产、农民增收做出了贡献,创造了巨大的经济效益和社会效益。但"九五"以后,试验区开始压缩并陆续退出或频繁更换地点。到"十五"期间(2001—2005),试验区仅保留了曲周、张北、景县、遵化、鹿泉、海兴等6家。2010年后,省级农业科技试验区全部取消。只有曲周、吴桥、南皮、张北、海兴等几家实验站依靠其他课题支持继续坚守做农业试验区的工作。

二、农业科技试验区面临的问题

(一) 对试验区的认识存在偏差

农业具有鲜明的区域特点,任何农业新技术、新成果必须接受当地自然条件检验和相应生产环境选择,农业科技试验区就是立足于大地检验需要的一种科技创新。当前,社会上对高新技术改造农业农村的呼声很高、期望也高,但有脱离实践的倾向。认为需要全面普及生物技术、信息技术,每个县设置一个农业的高新技术样板(园区),就能解决农村问题,强调高新技术万能、装备万能,认为高新技术是乡村振兴的唯一突破口,忽略了农业农村工作的特殊性。科技评价、科技计划重实验室、轻实验站,科技人员实践技能普遍下降。因此,大量科技成果只开花、不结果,农业发展、农村振兴的核心技术问题依然得不到有效解决。

(二) 试验区工作力度减弱

农业科技试验区从1983年开始,经历了20多年的高速发展,21世纪后,科技工作重点向农业科技园区转移,试验区工作力度减弱。农业科技园区与农业科技试验区工作方式存在很大差别:园区侧重经济管理方式和政府运作方式;试验区侧重课题为主的科技主导方式。实行园区机制后,各地园区风起云涌,雷同多、声势大,实质的科技主导作用淡化,科技主动性减弱。

(三) 试验区立项难

科研项目评审注重论文、成果、学位、职称,不利于试验区项目立项。科技管理偏重重大成果的挖掘，疏于重大成果的培养；科技立项着重时髦的尖端科技项目，而对农村普惠性科技创新、科技集成项目弱化；科技人员基于晋升职称需要，急于早出成果、重于撰写论文，淡于农村、农民和现代农业发展的技术需要。科技人员也不愿申报农村基地类课题，农村科技服务趋于肤浅化。

三、持续加强试验区工作建议

（一）加强农业科技试验区项目支持力度

科研项目支持力度和持续性是农业科技试验区存在和发展的关键条件，一个试验区的建立与发展也需要几十年的积累。短期科技项目不利于试验站的持续发展，只有学科优势形成了、课题不断，试验区工作才能长久不衰。应该恢复全省的农业科技试验区布局，加强顶层设计，做好协调工作。依托农业科技试验区，把北京科技人才、资源优势吸引到河北大地，把京津冀协同创新机制运用到农业科技试验区规划中，做好科技集成创新的顶层设计，加强政、产、学、研结合，发挥好农村专业合作社等组织的作用。依托农业科技试验区布局，建立乡村振兴战略科技支撑体系。

（二）加强农业科技试验区科技人才队伍培养

加强农业科技试验区工作，要从打造农村科技领军人物做起，建设一支过硬的农村工作科技队伍。重点培养科研基地需要的科研队伍和农村技术骨干带头人，还要从基地培养出一批又一批适应农村工作的硕士、博士。培养农村人才基地人才，科技人才评价机制要有特殊政策和相应激励措施，政策和措施配套了，导向才能发挥作用；农村人才辈出，才能使农业科技试验区焕发勃勃生机。

（三）加强农业科技试验区科技工作指导

农业科技试验区工作要突出"本、实、新、斗"四个要领。一是试验区工作要坚持根本。围绕中央加强乡村振兴的战略部署，发展科技、服务农民、服务农村、服务现代农业。二是试验区工作要务实。高新技术运用与农民实际水平结合起来，技术不能虚化，体系不能架空，目标不能发空，一切要切合实际。三是试验区工作要突出创新。每个阶段工作重点要有新发展、新层次，推出新技术，解决新问题。四是要激发科技人员的奋斗精神，为了他们攻坚克难、耐得住寂寞、守得住清贫，解决农业核心技术难题、重大关键问题创造条件，让他们能踏踏实实地把论文写在大地上。

后　记

　　河北农业科技（综合）试验区经历 40 年风雨，积淀了大量科技成果和建设经验，创造了区域农业综合治理的辉煌篇章，是农业科技发展史上的一个重要里程碑。今天的农业科技园区建设完善、学科齐全、人才济济、硕果累累，已经成为河北农业科技推广体系的重要组成部分，是推动农业科技进步的主要抓手，是农业产业技术集成、成果展示、人才培养的重要平台。农业科技试验区和农业科技示范园区在关键性农业科学技术研究上发挥着主导作用，在粮食安全、生态安全、农业现代化和农业农村的可持续发展方面发挥着非常重要的作用。近年来，河北省农业科技示范园区正在大跨步健康发展。通过制度建设，规范管理，推进自主创新，引进杰出人才，建设创新团队，优化资源配置，完善条件平台，创新运行机制，组织科研协作，拓展国际合作，深化科技内涵，推进模式升级。今后，在河北省委正确领导和省政府大力支持下，沿着中国共产党十九大指引的发展方向，河北农业科技园区未来发展更稳健，将在农业现代化、乡村振兴中发挥更重要、更坚强有力的科技支撑作用。

　　《河北省农业科技试验区发展 40 年（1978—2018）》总结河北省农业科技试验区和农业科技示范园区 40 年取得的成就，旨在总结过去、开创未来，促进学术交流，推动河北乃至全国农业科技事业的发展。

本书的编辑出版得到了河北省科技档案馆、河北省农学会、河北省农林科学院农业信息与经济研究所等有关方面的大力支持。李丛民、高振峰、孙世刚、徐成、李海瑞、徐文仲、张立峰、刘小京、杨佩茹等许多领导、专家在撰稿、审稿过程中给予许多帮助支持，提出许多很好的建设性意见，在此一并致谢！

由于我们水平所限，加之时间仓促，书中误漏之处在所难免，敬请各位读者批评指正。

著 者

2021 年 03 月 25 日